喬木書房

喬木書房

不抱怨的智慧

換個角度，換句話說，
人生大不同！

米克斯 著

生活不會因爲你的抱怨而改變！
你不能決定生命的長度，但你可以控制他的寬度。

回不去的，我們要**學會接受；**
留不住的，我們要**學會祝福；**
得不到的，我們要**學會知足；**
放不下的，我們要**學會看淡。**

目錄

第三章

第八章

序言

在生活中，你是否經常會為了某些小事情抱怨不停呢？當你遭遇到問題時，你是否會在第一時間裏就先注意到別人有沒有犯同樣的錯誤呢？你是否覺得別人都不夠瞭解你，甚至都虧欠你什麼呢？

人們在不如意的時候，總是會想要宣洩內心的不滿，但是我們也必須清楚「人生不如意事，十之八九」。所以，要是不小心養成了凡事抱怨的習慣，不只會讓我們自己活得不快樂，別人也會因此遠離我們。

事實上，抱怨並不會給我們帶來任何益處，它只會導致你自怨自艾、怨天尤人。更重要的是，它是所有負面情緒的最大來源。

我們時常會以為自己是這個世界上最命苦的人，我們也經常會問，為什麼發生在我們身上的事情，永遠那麼悲苦不幸？甚至還會問為什麼我們的生命就像一幕一幕的悲劇？

其實在這個世界上，有許多人比我們生活得更加痛苦，他們每天都生活在戰爭的恐懼中，隨時都要面臨遭受殺戮和死亡的威脅。還有許多人每天生活在貧困與饑餓中，小孩子沒有衣服穿，沒有食物吃，他們的每一天都只能等待著別人的施捨，或者沿街乞討過日子。還有一些地方，因為天災人禍，致使人們瀕臨餓死的邊緣；這些人甚至連想得到最基本的食物填飽肚子都不可能。

如果你想到這些，應該會覺得自己其實還滿幸福的。我們有什麼不知足的？難道希望從天上掉下一大堆的金錢，甚至掉下幸福來嗎？如果自己不肯努力，只是畏縮逃避、自怨自艾，難道就會得到貴人的幫助嗎？

抱怨或者指責他人總是容易的，但是檢討、反省自己，卻常常為人所忽略。不過，當你懂得凡事先反省自己，並從欣賞的角度來看待世界上的人、事、物時，你將會發現別人身上也有很多的優點，別人平常待你也不壞，所有事情也都有它美好的一面。倘若你只是用挑剔的眼光來看待事情，即使是一點點的不完美，也會在你的心中不停的放大，成為難以忍受的過失！

在《聖經》中有一段話：**「為何你只見弟兄的眼中有刺，卻不見自己的眼中有樑木？」**

有一些人總是習慣抱怨他人、檢討他人，只要生活中遭遇到困難或者挫折，他們總認為那是因為別人的不當行為，才導致了自己身陷困境，時間一久，他們便會覺得自己是這個世界上最悲慘、最不幸的人，進而也會用一種憤恨不平的眼光去看待人、事、物，終其一生鬱鬱寡歡，卻不知扼殺快樂的人，其實就是他自己！

因此，當你想抱怨或者指責某些人、事、物的時候，你應該先冷靜下來，仔細的想一想，在你指著他人埋怨時，別人有幾根手指也正指著你自己呢？當你檢討別人的錯誤時，是否也能先想想，自己有沒有什麼不對的地方需要別人來檢討呢？

當我們遭遇到生活中的不如意的事情時，我們不應該一直找尋理由謾罵、聲討他人，或是口出埋怨的話，反而應該先讓自己冷靜下來，檢討整件事情的始末。如果你發現問題是出在自己的身上，就應該要求自己立即改進，避免日後重蹈覆轍，避免使事情繼續惡化；要是你發現過錯不在自己的身上，你也不需要指責他人，因為每個人都會有犯錯誤的時候，建議你此時不妨用寬容的態度讓對方瞭解你的感受，並且希望彼此之間能夠共同讓事件朝向好的方向轉變，如此一來，你將能夠化解彼此心中的芥蒂與不快，從而擁有良好的人際關係。

也許你會說，不是每個人都能夠寬容待人，但是，我們要是不能夠先從自身做起，又如何要求別人呢？因此，從現在開始，請你停止抱怨，學習如何用欣賞的眼光看待這個世界，你將會發現，當你懂得欣賞人、事、物美好的一面時，生活中的歡樂也會隨之不斷的增加！

第一章

怨氣，摧毀你的立身之本

每天我們都能聽到各種抱怨之聲，怨氣累積多了，出現了什麼問題呢？社會還是那個社會，他人也還是那個他人，並不會由於他們的抱怨有所改變。倒是這些習慣抱怨的人，被怨氣摧毀了自己的立身之本—健康的身體與積極的心態。

1 殺人於無形之中的怨氣

現在的社會怨氣像空氣一樣無處不在。

窮人有怨氣，怨社會分配不公，付出多，收入微薄，養不好家，餬不了口。

富人也有怨氣，怨辦事難，處處要花錢買通路，時時要破費求人，怨賺的錢少。

不當官的人有怨氣，怨受當官的欺壓，怨社會無處講理，怨自己做不了官。

當官的也有怨氣，怨當官不講德才，不講程序，不聽民意，怨官場潛規則，怨自己做不了更大的官。

小孩有怨氣，怨大人強迫自己做不喜歡做的事，怨自己想買玩具的小小願望都無法滿足。

學生有怨氣，怨不能學自己所想學的課程，怨家長寄予的期望太高。

家長有怨氣，怨孩子不能成龍成鳳，怨學校的門檻越來越高了。

老師有怨氣，怨升學壓力大，怨不被社會普遍尊重……

我們生活在客觀世界裏，不能以自己的好惡為標準。凡是自己不認同的都會產生怨氣，上班族尤其是這樣。你必須顧到週遭的感受，你必須照顧上上下下的關係，你是老闆又怎樣，部下稍有不從，你內心也會覺得不舒服。你會說他們「不當家不知柴米貴」，不懂得下級服從上級，於是脾氣來了，怨氣到了。

朋友、同事之間一起生活和工作，難免會有磨擦，意見不一致的情況很多。有時別人說話的聲音大了點，或動作大一點你都會覺得是對著你來的，久而久之，小心眼的帽子自己就扣在了頭上，怨氣四溢。

自己在公司受到老闆批評，同事挖苦，回到家夫妻為了芝麻小事而經常吵架，孩子功課不好又不聽管教，父母生病，經濟拮据……。嘆老天對自己不公平，恨自己無能，於是，借酒澆愁，一塌糊塗。倒楣事甩不掉，怨氣跟著就到了。

大家怨來怨去，怨氣累積多了，會出現什麼問題呢？社會還是那個社會，他人也還是那個他人，並不會由於他們的抱怨有所改變。倒是這些習慣抱怨的人，被怨氣摧毀了自己的立身之本—健康的身體與積極的心態。

在中醫看來，怨氣是脾的剋星。脾主管消化系統，醫學上認為這是人的「後天之本」，是人體能量和各種營養物質的唯一來源，非常重要。在中醫裏，脾屬土，脾被怨氣傷了，人體就像一棵種在貧瘠土壤上的樹，能不黃瘦嗎？這麼黃瘦下去，哪有不短命之理？其實，這誰都不能怨，要怨只能怨他們自己喜歡怨人！

中醫奇才王鳳儀認為，脾系統，也就相當於我們常說的消化系統的病，全是由怨氣所積而引起的。化解了心中的怨氣，整個消化系統都會有一個大的改觀，人的整個生命狀態會為之一新，脾胃方面的疑難病症也能輕易被治好。

王鳳儀先生說：「認因果生真土。」真土也就是陽土。

我憑什麼要相信一切？憑什麼不怨人？答案很簡單：憑因果。凡事有因必有果，有果必有因。我們看到的一切都是果，它們背後有因，既然有因，那就是合理的，那有什麼不能接受的呢？還有什麼可抱怨的呢？

比如，當我們的熟人隨地吐痰的時候，我們有沒有勸阻過他呢？我們自己在這件事上也沒有做好，甚至我們在這方面的不足正導致了別人的效尤。不僅不能怨別人，反過來還得怨我們自己。其餘一切事情，都是如此。

其實，因果循環無時無刻在發生。因果是宇宙中的根本規律，沒有什麼事物不在因果中存在和運行。不但物理世界是如此，生命世界、心理世界也是如此。我們不管遇到什麼事情，尤其是遇到那些不好的事，總是不自覺的就問：「為什麼？這是為什麼？」這表明，在我們意識深處，就有很深的因果意識，遇到一個果，就很想去尋找它的因。

所以，我們要學會不怨天尤人，是一切美德的根本，也是健康的根本保證。

2 怨恨是不斷長大的腫瘤

在日常生活中，抱怨常常來自於心中的不平與仇恨。當人們受到不公平的待遇和心靈創傷之後，自然對傷害者產生了怨恨情緒。一位婦女希望她的前夫和新任妻子的生活過得艱難困苦，一位男子希望出賣他的朋友被解雇。怨恨是一種被動的、具有侵襲性的，它像是一個不斷長大的腫瘤，使我們失去了歡笑，損害了身體。怨恨，更多的危害了怨恨者本人，而不是被仇恨的人。

仇恨是帶有毀滅性的情感，只會讓彼此都陷入痛苦的深淵。仇恨的情緒如同充飽氣的皮球，你用多大的力氣踢它，它就用多大的力量回贈你。

一位畫家在市集上賣畫，不遠處，前呼後擁地走來一位大臣的孩子，而這位大臣在年輕時，經常欺侮畫家的父親使他鬱鬱而終。當大臣的孩子在畫家的作品前流連忘返，並且選了一幅畫，畫家卻匆匆地用一塊布把它遮蓋住，並聲稱這幅畫不賣。

從此以後，這孩子因為心病而變得憔悴，最後，他父親出面了，表示願意付出高價來買這幅畫。可是，畫家寧願把這幅畫掛在自己畫室的牆上，也不願意出售。他陰沉著臉坐在畫前，自言自語的說：「這就是我的報復！」

每天早晨，畫家都要畫一幅他信奉的神像，這是他表示信仰的唯一方式。可是現在，他覺得這些神像與他以前畫的神像日漸不同。

這使他苦惱不已，他不停的在尋找原因。然而有一天，他驚恐地丟下手中的畫，跳了起來，他剛畫好的神像的眼睛，竟然是那大臣的眼睛，而嘴唇也是那麼的酷似。

他把畫撕碎，並且高喊：「我的報復已經回報到我的頭上來了！」

這是印度大文豪泰戈爾的一篇名為《畫家的報復》中的故事。這種仇恨的種子一旦萌芽，就會像洪水猛獸一般可怕。我們在心中懷恨、心存報復的同時，我們的身心也同樣被這惡魔所折磨。一個心中常想報復的人，其實自己活得也並不快樂。因為他的精力幾乎全用在想怎樣報復這種不愉快的事情上，而且就算成功，他也會有種失落與悔恨交織的情感。

古希臘神話中有一位大英雄名叫海格里斯。有一天他走在坎坷不平的山路上，發現腳邊有個袋子似的東西很礙腳，海格里斯踩了那東西一腳，誰知那東西不但沒有被踩破，反而膨脹起來，加倍的擴大著。海格里斯惱羞成怒，拿起一支碗口粗的木棒砸它，那東西竟然膨脹到把路給堵死了。

正在這時，山中走來一位聖人，對海格里斯說：「朋友，快別動它，忘了它，離它遠去吧！它叫仇恨袋，你不犯它，它便小如當初，你侵犯它，它就會膨脹起來，擋住你的路，與你敵對到底！」

我們生活在人世間，難免會與別人產生誤會、摩擦。如果不注意，在我們引發仇恨的時候，仇恨袋便會悄悄膨脹，最終會堵塞了你的心智，並逐漸膨脹為一個折磨你身心的毒瘤。

然而怎樣才能切除這個腫瘤呢？

首先要正視我們的怨恨，沒有人願意承認自己恨別人，所以我們就把怨恨埋藏在內心深層。但怨恨卻在平靜的表面下奔流，損傷了我們的感情。承認怨恨，就等於強迫我們對靈魂施行手術以求早日痊癒，也就是做出寬恕的決定。

寬容是一種藝術，寬容別人不是懦弱，更不是無奈的舉措。在短暫的生命中學會寬容別人，能為生活增添許多快樂，使人生更有意義。正因為有了寬容，我們的胸懷才能比天空還寬闊，才能盡容天下難容之事。

法國十九世紀的文學大師雨果，曾說過這樣的一句話：**「世界上最寬闊的是海洋，比海洋寬闊的是天空，比天空更寬闊的是人的胸懷。」**

人與人之間免不了會因為互相誤解而導致仇恨，最好的方式是以寬容的心將這種仇恨栽培成一盆鮮花，讓自己內心開花才能讓周圍遍地開花。時間帶走一切也考驗一切，值得珍惜的是無限春光和快樂的果實，真正的友誼並不會因誤解、仇恨而變淡，反而因海納百川的胸懷和氣度而更加深厚。

讓仇恨長成鮮花是一種智者大徹大悟的境界，也是人生快樂的源泉。

3 牢騷是幸福的敵人

在茶餘飯後的聊天中，常常可以聽見一些人牢騷滿腹。他們往往都認為自己是世界上最委屈的一個，他們抱怨工作職位低，賺錢少，老闆苛刻。抱怨老婆不夠漂亮、不體貼……總之，生活中一切不如意的地方都要發一頓牢騷，以洩心中不滿。

人畢竟是有感情、有慾望的，不能像豬那樣，只要吃飽什麼也不想，不會去想看電視；不能像獅子那樣無論生熟，不論是煎炒烹炸，無論是國產的還是進口的，只要有肉吃即可。人總會有灰心氣餒、不滿意的時候，此時發點牢騷倒也未嘗不可，但如果整天牢騷滿腹，不論大事小事、好事壞事，只要不合我意就怨天尤人，就未免有點不正常了。

有這樣一個故事：

相傳，有個寺院的住持，給寺院立下了一個特別的規矩：每到年底時，寺院裏的和尚都要對住持說兩個字。第一年年底，住持問新進的和尚心裏最想說什麼，新進的和尚說：「床硬。」第二年年底，住持又問他心裏最想說什麼，他回答說：「食劣。」第三年年底，他沒等住持問，便說：「告辭。」住持望著他的背影自言自語的說：「心中有魔，難成正果，可惜！可惜！」

新進的和尚對待事物都持一種消極的心態，所以才不能安於現狀，一味報怨。而他的抱怨，也讓他失去了修成正果的機會。

一般來說，發牢騷的人大都是由於受到冷落，或某事情沒有達到目的而愁腸百結，給自己披上悲情外衣的人。面對這種喋喋不休的人抱怨，你剛開始可能會同情他，可是時間長了，無休無止，天天嘮嘮叨叨，你可能就會厭惡了。

其實，發牢騷是一種非常正常的情緒，怨氣是不能長期積壓的，從心理學的角度來講，適度宣洩能夠減輕或消除心理或精神上的疲勞，把怨氣透過抱怨發洩出來比讓它積壓在心裏要好得多，這樣做能夠使你變得輕鬆愉快。

但是，你可以抱怨一時，卻不能抱怨一世。抱怨過了頭，就會讓人望而生畏，退避三舍。

朋友之間產生了磨擦，抱怨朋友不夠意思，對自己不能體諒；泡妞失敗，抱怨該妞有眼無珠，沒發現自己這塊「璞玉」；做事不順心，抱怨上天對自己不公，社會對自己不平……凡事皆有怨氣，越訴越怨，越怨越訴，用一種「別人對不起我」的感覺來達到不正常的滿足，從而把自己困在了一個惡性的循環之中。

與此同時，這也養成了推卸責任的習慣，所有的問題都出在別人身上，自己只是一個可憐的受害者而已。於是，以一種受害者的心態來面對一切，久而久之，就給自己營造了一個虛幻的「悲情世界」，這也看不慣，那也看不順，整天在長吁短嘆。

從這個意義上來說，發牢騷是對已發生之事的一種心理反抗或排斥。其結果是塑造了劣等的自我形象。就算抱怨是真正的不公正與錯誤，它也不是解決問題的好方法，因為它很快就會轉變成一種習慣情緒。一個人習慣於自己是不公平的受害者，就會定位於受害者的角色上，並可能隨時尋找外在的藉口。

這種埋怨和自憐的習慣，會把自己想像成一個不快樂的可憐蟲或者犧牲者。這個習慣如果根深蒂固，要是離開了這個習慣，就會覺得不對勁、不自然，而必須開始去尋找新的不公正的證據，這種人只有在苦惱中才會感到適應。

其實，牢騷也好，抱怨也罷，都是因為擁有的心態不對，看問題的角度不對，如果能夠以積極的心態換個角度，相信人的心情會好起來。事物在一個人心中的好壞，決定於此人的心態，而不是事物的本身，正所謂「以我觀外物，外物皆著我色」。牢騷滿腹者，不妨轉換一下心情，讓樂觀主宰自己，心情肯定會好起來。

下面這個故事講的正是這樣的道理：

有一位著名的國畫畫家俞仲林，他擅長畫牡丹花。

有一次，某人慕名請他親手畫一幅牡丹花，回去以後，高興地掛在客廳裏。

此人的一位朋友看到了，大呼不吉利，因為這朵牡丹花沒有畫完全，缺了一部分，而牡丹花代表富貴，缺了一角，豈不是「富貴不全」嗎？

此人一看也大為吃驚，認為牡丹花缺了一邊總是不妥，拿回去請俞仲林重畫一幅。俞仲林聽了他的理由，靈機一動，告訴買主，既然牡丹花代表富貴，那麼缺一邊，不就是富貴無邊嗎？

那人聽了他的解釋，覺得有理，高高興興的拿著畫回去了。相同一幅畫，因為心態不同，便產生了不同的看法。所以，凡事都應持一種積極的心態，往好處想，不要看什麼都不順眼，這樣就會少些煩惱、苦痛、牢騷，多些歡樂、平安。

4 心浮氣躁是怨氣的溫床

浮躁不僅會使人失去思考上的冷靜，失去心理上的平衡，更會使人不再用腦子去思想，而是用眼睛和耳朵去思想，看到什麼、聽到什麼就是什麼。浮躁的人不再考慮自己的長短優劣，只會與別人比較所走的途徑和結果。

人們一旦心浮氣躁，急功近利，必然盲目狂熱，追名求利，希望快速發財，立即成名，就不可能腳踏實地，耐住性子，也不願意去用腦子想問題。其結果是：在物質和精神都毫無準備的情況下披掛上陣，輕狂浮誇，好大喜功，情緒煩躁，手忙腳亂，草草收場。最後，成為滋養怨氣的溫床。

遠離浮躁，就要擋住誘惑。現代社會，成功的比例明顯增大。這原本是一件好事，可以鼓舞許多人的進取心，但同時也會使人們產生盲目的攀比心理，眼紅心動，淪於浮躁。他們不問別人成功背後過程的艱辛，只看到別人令人羡慕的眼前結果，於是自己也做起了「心想事成」的美夢，養成了眼高手低的毛病。在他們看來，自己的能力不比別人差，吃的苦也不比別人少，然而待遇、地位卻樣樣不如人，心裏實在不甘心。實際上，別人能夠做到的，當然不是說這些人就一定不行，但要趕上別人甚至超過別人，有一個前提條件，那就是首先必須遠離浮躁。人貴有自知之明，只有冷靜的分析自己的長處和短處、劣勢和優勢、有利條件和不利條件，然後立足現實，確定目標，擬定計劃，付諸實踐，才有成功的可能。

古往今來，凡能成就大事業、大學問的人，無不經過三種境界：第一種境界，「昨夜西風雕碧樹，獨上高樓，望盡天涯路」。是說必須站得高，看得遠，選定自己的奮鬥目標。第二種境界，「衣帶漸寬終不悔，為伊消得人憔悴」。是說一個人在認定自己的目標之後，就要刻苦學習，為實現自己的目標奮鬥打拚，即使衣帶寬了，人漸瘦了也始終不悔。第三種境界，「眾裏尋他千百度，驀然回首，那人卻在燈火闌珊處」。是說經過千百次尋求知識後，回頭一看，忽然發現自己為之奮鬥的目標就在眼前，成功正在向你招手微笑。有了這三種境界，浮躁之心自然會遠離我們而去。

喧囂的都市，淡泊的心情，遠離浮躁；從不同的角度來體會淡泊的韻味，那也是一件幸福的事。淡泊，不是一種心如枯井的無所謂心情，它是空中的一輪明月，在靜謐寂寞的夜裏，我們依然會感受它生動的光輝；淡泊更不是冷漠，它是山間的清風，無論世事如何滄桑，它依然會為我們展現其柔美，輕拂美麗人生。淡泊並不是要拒絕波瀾壯闊，也不是叫我們放棄執著的人生追求，淡泊只是讓我們在所有的成功和失敗面前，始終保持一種平心靜氣、樂觀豁達的人生態度。

淡泊不是叫我們放棄工作上的努力，它是要我們用一種超然的心情對待眼前的一切，「不以物喜，不以己悲」。不做世間功利的奴隸，也不為凡塵中的各種紛擾、牽累、煩惱所左右，在令人眼花繚亂、目迷神惑的世間百態面前，讓自己神凝氣靜。既不放棄工作、生活中的努力和責任，也不為其伴隨而來的虛幻名利、種種紛擾而改變自己的心境，守住自己的精神家園，達到「太行摧而不瞬，盛夏流金而不炎」。

淡泊，會使我們的心靈更加生動活潑，讓人性回到本真狀態，使心靈獲得一種充實、豐富、自由和純淨；淡泊猶如天上的白雲，地上的泉水。它是一種氣質、一種修養、一種成熟而堅強的人生理念。

一家知名的飯店，有一位名廚師，許多人都知道他最拿手的是最後那道羹：奇鮮無比，妙不可言。後來他的徒弟請教其中奧秘，他只用五個字道出玄機—淡些，再淡些。

宋朝大文學家歐陽修有一句詩云：「世好竟辛鹹，古味殊淡泊。」世事都有辯證法在其中，情濃到了極致時，反而成為淡；就像一個人悲傷到極點時，常常流不出眼淚來；而高興到極點時，反而淚雨滂沱。

人的一生難免會有煩惱，但你淡然處之，你便會覺得，原來生活並沒有虧待你，一切原來都很美！

5 別理我，煩著呢！

煩是什麼樣的一種情緒呢？我們有時會對某人說：「不要煩我！」就是這個。其實不是別人來煩我，誰願意去煩別人呢？別人來煩我，其實都是因為信任我，想親近我，都是出於一片好意的，我們覺得煩，那是我們自己的心理狀態不對。

周華健有一首名為《最近比較煩》的歌，深得人們喜愛，因為這首歌表現了現代人的真實感受，唱出了多數人的心聲。隨著經濟的發展，生活水平的不斷提高，我們的感覺不是快樂與日俱增，卻憑空增加了許多煩惱，笑聲越來越少。這又是為什麼呢？

一般來說，煩惱是對未來出路的擔心，是對現實處境的不堪忍受。作為一種主觀形成的情緒，煩惱在很大程度上是自己思想不夠開闊造成的。

煩惱作為一種不良情緒，它會嚴重的影響人的身心健康；煩惱還會影響人的智力和能力的發展。長期陷入精神煩惱的人，思維是不容易敏捷的，常常呆頭呆腦、鬱鬱寡歡、表情陰沉冷漠。如果長期煩惱，還會產生變態的心理，會覺得世界上一切都是冷酷的，因此對別人也必然報以冷漠態度，這也影響了與他人的正常交往。

既然煩惱是一種不良的情緒，我們就應該努力來擺脫它，讓自己輕輕鬆鬆的生活、快快樂樂的享受。

要擺脫煩惱，提升自身的修養是很重要的。相同的一件事，對不同的人來說反應是不同的。有的人認為是煩惱的事，但是在另外一些人看來，認為是沒有什麼大了不。原因何在？人的心胸寬窄不同，個人的修養也不同。凡是能在別人認為很惡劣的環境，事物面前從容不迫、坦然應對的人，都是值得我們學習的榜樣。

生活中，為了滿足各種慾望，我們整日勞苦奔波，身體不得閒，而心靈慾念膨脹，被雜念糾纏，所以也不得閒，煩惱便由此而生。所以說，煩惱皆由心生。

佛教第二代傳人慧可曾向達摩祖師訴說他內心的不安，希望達摩祖師能幫他把心靜下來。達摩祖師讓他拿心來，才肯替他安心。慧可找了半天回答說沒找到，達摩祖師說：「給你安心竟然沒有找到。」

心在哪裡呢？心都不可得，哪裡還有可得的煩惱？心是煩惱的關鍵。

一個年輕人四處尋找解脫煩惱的秘訣。他看見山腳下綠草叢中一個牧童在那裡悠閒的吹著笛子，十分逍遙自在。年輕人便上前詢問：「你那麼快活，難道沒有煩惱嗎？」

牧童說：「騎在牛背上，笛子一吹，什麼煩惱也沒有了。」

年輕人試了試，煩惱仍在，於是他只好繼續尋找。

他來到一條小河邊，見一老翁正專注地釣魚，神情怡然，面帶喜色，於是便上前問道：「您能如此投入的釣魚，難道心中沒有什麼煩惱嗎？」

老翁笑著說：「靜下心來釣魚，什麼煩惱都忘記了。」

年輕人試了試，卻總是放不下心中的煩惱，靜不下心來，於是他又往前走。他在山洞中遇見一位面帶笑容的長者，便又向他討教解脫煩惱的秘訣。

老年人笑著問道：「有誰捆住你沒有？」

年輕人答道：「沒有啊！」

老年人說：「既然沒人捆住你，又何談解脫呢？」

年輕人想了想，恍然大悟，原來是被自己設置的心理牢籠束縛捆綁。

在生活中，我們的煩惱都是自找的，我們是自己捆住了自己。仔細想想的確有點好笑，自尋煩惱只有百害而無一利，再怎麼樣的憂慮都無法解決任何問題，只會讓自己心情不好，想法更消極而已。可是為什麼許多人仍然會不經意的自尋煩惱，這主要是性格使然，也和外界因素的影響有關。

每當我們自尋煩惱之際，身邊的人大都會勸導說：「不要自尋苦惱，開朗一點，開心一點。」但不好的情緒還是會不自覺的湧起。煩惱的想法一經出現，我們便不由自主的陷入到更多的糾葛中，搞得整個人心神不寧。

你應該瞭解，明天的憂慮自待明天解決，此刻又何必煩惱和浪費精力。或許睡一覺之後，一切煩惱都煙消雲散了，畢竟明天又是新的一天。

如果你是一個杞人憂天、自尋煩惱的人，就證明你的內斂工夫做得不夠，不懂得運用內在的特質化解內在的煩惱。建議你不妨從改變自己的內心做起，也就是說，內心一直都保持著開朗、愉快、積極的狀態。不要再患得患失，過於瞻前顧後，要無畏無懼地活下去。無論發生任何事，都要想得開，凡事往前看，向新的人生挑戰。

記住，你沒有特權去永遠做你高興的事，但是你有權力從你的所作所為中，擺脫自尋煩惱的困境而得到更多的樂趣。

6 生氣是百病之源

《三國演義》裏有「三氣周瑜」、「罵死王朗」的故事，這是完全虛構的小說情節嗎？其實未必。人被氣病、氣死，在現實生活中其實屢見不鮮。我們每個人在生氣的時候，旁人總是在勸著說：「別生氣，氣壞了身體怎麼辦！」每個人都知道生氣對身體的危害，但當自己處在這個情境裏時，卻總是控制不住自己。人類最為可怕的不是無知，而是明知道此事的危害，卻依然「痴心不改」。

經常生氣是百病之源。心理學認為，生氣是一種不良情緒，是消極的心境，它會使人悶悶不樂，內心鬱煩，進而破壞人與人之間的相互關係，阻礙情感交流，導致內疚與沮喪。醫生經常告誡心臟病和高血壓病患者，避免刺激，不要激動，更不能生氣發火。因為人在激動、生氣時，心跳加快、血壓上升，血液會快速流向腦部，所以不僅損傷大腦，還會損害精神。

據統計，情緒低落、容易生氣的人，罹患癌症和神經衰弱的要比正常人大得多。生氣很像是一種心理上的病毒，會使人重病纏身，一蹶不振，所以說，經常生氣就會影響身體健康，不利養生。從中醫角度來看，生氣至少有以下幾大害處：

傷膚

經常生悶氣會讓你的顏面憔悴、雙眼浮腫、增加皺紋。當人生氣時血液會大量湧向臉部，此時血液中的氧氣會減少、毒素會增多。因為生氣產生的毒素會刺激毛囊，使毛囊周圍出現程度不等的深部炎症，因此，產生色斑等皮膚問題。

傷肝

人處於氣憤愁悶狀態時，會導致肝氣不暢、肝膽不和、肝部疼痛。使血壓升高，脂肪分解加強，血液和肝細胞內的毒素增加。

傷神

生氣會加快腦細胞衰老，減弱大腦功能，而且大量血液湧向大腦，會使腦血管的壓力增加。氣憤至極，會使大腦思維突破常規的活動，往往做出魯莽或過度激烈舉動，反常行為又形成對大腦中樞的惡劣刺激，氣血上沖，還會導致腦溢血。

如果經常性情緒不佳，生理上會失去平衡，五臟六腑會發生非理性的運動，免疫功能會隨著情緒的波動而降低，甚至還有一些人因一時發怒而損害自己的生命，實在令人婉惜。

日常生活中，大大小小的事情不可能都順自己的心，總會有不如意的地方，因此，人也就免不了會生氣。但是經常生氣或生悶氣、發脾氣，那麼受到懲罰的將是自己而不是別人。

一位印度僧人胸襟寬廣，從不生氣。有一個人千方百計的想激怒他，但均未奏效，於是氣急敗壞地質問高僧：「你為什麼不生氣？難道你不是人嗎？」他竟然污蔑高僧做人的資格了，但高僧的笑意浮上臉龐，耐心回答說：「如果別人給你的禮物，你不想要，再退回給這個人時，結果會怎麼樣？」

我更感興趣的是這個人，原本想激怒高僧的，結果卻惹惱了自己。他情急之下不把高僧當人，也就是把自己做人的資格開除了。這讓我想起證嚴法師的一句名言：「生氣是拿別人的錯誤懲罰自己。」但在職場中，這樣懲罰自己的人卻屢見不鮮：下級犯了錯誤，上級很生氣，脾氣火暴、聲色俱厲，傷的其實是自己；上級作風官僚，下級很生氣，煩悶憋屈、忿忿不平，傷的其實是自己；同事之間的摩擦，惹人生氣，怒火中燒、互相攻擊，傷的其實還是自己。錯誤應該受到懲罰，但未必要透過生氣來實現，既然錯誤在他，為何你要生氣？別人犯了錯，而你去生氣，豈不正是拿別人的錯誤來懲罰自己？

7 從嗔心到地獄

在佛家來說，一但動了嗔怒之心，地獄裏就有一口油鍋燒好了在等我們，會讓你備受折磨。這裡的嗔怒，是喜、怒、憂、思、悲、恐、驚，人之七情之一。人與人之間由於性格、修養、思維方式、生活方式等不盡相同，發生某些摩擦或衝突是難免的，憤怒情緒的出現也是可以理解。然而，若是經常憤怒，或是憤怒一觸即發，往往會使人的身心健康受到損害。《內經》說：「百病生於氣也。」、「怒則氣上，則傷臟；臟傷，則病起。」科學研究證明：暴怒能擊潰人體生物化學的保護機制，使人的抵抗力下降，而被疾病所侵襲。怒氣猶如人體中的一枚定時炸彈，隨時都可釀成大禍。「怒從心上起，惡向膽邊生」，就是這個道理。

首先，憤怒情緒對人的心理沒有任何好處。它使人情緒低落，陷入惰性，還會破壞情感關係、阻礙情感交流、導致內疚與沮喪情緒。從病理學的角度來看，憤怒可導致高血壓、潰瘍、皮疹、心悸、失眠，甚至心臟病等。**俄國大文豪屠格涅夫曾勸告與人爭**

吵、情緒激動的人：「在開口之前，先把舌頭在嘴裏轉十圈。」因為憤怒是射向健康的一支利箭，它不一定能傷害你的敵人，但是卻隨時會侵蝕你自己的健康。

其次，發怒會使人遠離真理。世界上很少有因為憤怒就能使問題獲得解決的；相反，常常因為憤怒而把事情搞砸了。憤怒時，極而言之，極而行之，沒了後退之路，沒了迴旋餘地。本來有理，反而變成了沒理；本來小事，結果鬧成了大事，甚至不可收拾；過後，悔之晚矣。《三國演義》中的張飛怒責部下，結果被范姜、張達砍了腦袋；劉備怒氣難抑，率兵親征，又被東吳火燒連營。諸如此例，舉不勝舉。

怒氣，就像炸彈一樣，是具有爆炸力的。和諧的生活就像一面鏡子，讓人有一種寧靜感與溫馨感，可是如果你向鏡子投一塊石頭，那種嘩啦聲是極其刺耳的，有時候簡直讓人難以容忍。

有這麼一家人，坐得好好的正在吃飯話家常；不經意中談起人有良心沒良心來。那女主人突然對著她丈夫說出了一句：「我看你爹就沒有良心。」

她丈夫一時覺得失了面子，又無言以對，便「嘩啦」一聲地把飯桌掀翻了。夫妻二人動起手來，孩子們哭叫聲跟著四起，妻子見打不過丈夫，就開始砸鍋摔碗，嘴裏還不停的罵著，一邊喊、一邊摔，大人孩子渾身盡粥湯。可是過不了多久，她一看到自己買的那鍋碗瓢盆都被砸個稀爛，就掩面嚎啕大哭起來。好熱鬧的一場鬧劇。

固然，憤怒的時候摔碎可以摔碎的東西，打破可以打破的物品是一種宣洩方式，但你有沒有想過你摔碎的不僅是你的財物，更是你的生活？一塊石頭砸在鏡子上，我們頂多「刺耳」一下，但一塊石頭砸在生活上，它就會留下「刺耳」的永久的回音，你的生活會被搞得一團亂。

然而，發洩了之後你就會痛快了嗎？如果你的回答是「是」，那麼你在很大程度上在欺騙自己。憤怒的人在他們平靜之後，往往會為自己的行為而羞愧。

經常發怒的人，大多是理智漸漸迷失，靈魂為情感所操縱，打亂了自己的分析、判斷的能力，使精神陷於混亂狀態。那些發大脾氣，氣急敗壞的人，他的眉毛豎起來，臉色青紫，渾身打顫，就好像著了魔一般，說話語無倫次，是非顛倒，可是如果把他的行為用手機拍攝錄影下來，事後讓他自己看看，他會大吃一驚，羞愧的無地自容。

《孫子兵法・火攻篇》中指出：「主不可以怒而興師，將不可以慍而致戰。」這雖然強調的是臨敵制怒，但對生活中的人們同樣富有啟發。清朝林則徐官至兩廣總督，有一次，他在處理公務時，盛怒之下把一只茶杯摔得粉碎。當他抬起頭，看到自己的座右銘「制怒」二字時，意識到自己的老毛病又犯了，立即謝絕了僕人的代勞，自己動手打掃摔碎的茶杯，表示悔過。與人相處，不分是非曲直、動輒發火，是一種遠離文明的表現。容易發怒的人，應該像林則徐那樣，潛心修養，注意「制怒」，心平氣和，以理服人，不可放縱心頭無明之火，像火柴頭似的一擦就著，觸物即燒。

制怒並不是一件容易的事，它是一個人以理智戰勝感情衝動的過程。善於制怒不僅需有「忍人所不能忍」的寬廣胸懷和以大局為重的精神境界，而且還需要有強烈的自我控制意識。要「制怒」，首先要努力陶冶自己的性情，不斷提高自己的修養，理智的將「憤怒」這個「情緒炸彈」扔掉。

制怒的最好方法是忍，是寬容。自覺的忍，理智的讓，不是退縮，不是無能，不是放棄原則，而是一種策略，一種智慧，一種境界。只有洞察世事，心靈清澈，對是非、矛盾有清醒認識的人，才會在可能被激怒的時候，做到真正自覺地忍，真正心平氣和的面對生活、工作中的各種矛盾和挑戰。具有忍的智慧，達到忍的境界，當然需要修煉，而生活本身，它的正面的經驗和負面的教訓，則是這種修煉的燧石。

聰明的人善於運用理智，將情緒引入正確的表現渠道，使自己按理智的原則控制情緒，用理智駕馭情感。以平和的態度來擺事實、講道理，要比大喊大叫更能讓對方心服口服；而寬恕和諒解有時比傷害、侮辱更能震撼人心。只要我們肯下工夫學會制怒的正確方法，別人肯定會對我們的道德、修養以及理智、大度出自內心地佩服。那時，我們自會達到「風平而後浪靜，浪靜而後水清，水清而後魚可數」的全新境界。

8 嫉妒傷人又害己

生活中，人們常常面對「嫉妒」的困擾。嫉妒是什麼呢？嫉妒是一種難以公開的陰暗心理，也是一種帶有敵意的心理傾斜現象。嫉妒是心靈的地獄，這種心理情緒的特徵是：不能認可別人比自己強，只能陶醉於他人不如自己或以他人的失利為滿足的情感體驗之中。

嫉妒就像一把雙刃劍，不僅傷人而且害己。有嫉妒心的人，自己不能完成事業，就極力低估他人的能力，貶低他人的成就，在傷害別人的同時，搞得自己也很不開心。它不僅是人際關係的腐蝕劑，破壞團結，傷害同事，也導致嫉妒者自己身心能量的無端耗費和自身健康的無端受損。法國作家巴爾扎克說：「嫉妒者受的痛苦比任何人遭受的痛苦更大，他自己的不幸和別人的幸福都使他痛苦萬分。」

嫉妒是一種複雜的情緒，它認為別人往前走就是自身的後退，於是敬畏、屈辱、自卑、惱怒之情便紛至沓來，嘶咬著人的心。這當然是難以忍受的，怎麼辦呢？最好的辦法是找出對方的短處來。實在找不出來時，就想辦法造個謠，拚著命把別人拉下來，因而心胸狹窄之人必然是自己長進了，就不允許別人長進；自己不長進，尤其不允許別人長進。這就是魯迅先生所說的拖人下水的辦法：「我不行，而他和我一樣，大家活不成，拉倒大吉。」於是，因嫉妒而產生的種種心態便表現出來：或消極沉淪，萎靡不振；或咬牙切齒，惱羞成怒；或鋌而走險，害人毀己。

誠如莎士比亞所說：「一個生性嫉妒的女子所產生的毒害較瘋犬有過之。」遭受嫉妒的一方固然如同陷入地獄裏一般備受折磨，嫉妒者本身也同樣猶如身陷螞蟻窩的小蟲一樣受煎熬。你說，這該有多可怕？

可見，嫉妒者受到的痛苦比任何人遭受的痛苦更大，他自己的不幸和別人的幸福都使他痛苦萬分。心胸狹窄的人之所以避免不了失敗的結局，就在於他們心存不良。不願別人超過自己倒還罷了，要命的是，當自己倒楣的時候，也要別人沒好日子過。要達到這樣的目的，除了傷人害己，真的別無他途了。

嫉妒心強烈的人總是把自己置於一種心靈的地獄之中，折磨自己。但是最終卻一無所有，只能使自己日漸憔悴。嫉妒是一把火，燒毀自己的同時也傷害別人。所以說，你在嫉妒別人的同時，實際上也是在折磨自己。經常存有嫉妒心的人，他們的心理很難平衡：心神不定、專攻心計、勞心煩神、睡眠不寧、心情焦躁、魂不守舍……可能導致各種生理疾病乘虛而入。

嫉妒別人除了對於自己的危害以外，他們還會常常做出中傷別人、怨恨別人、詆毀別人等一系列的行為。嫉妒往往是和心胸狹隘、缺乏修養聯繫在一起的。心胸狹隘的人會因一些微不足道的小事而產生嫉妒心理，還把時間和精力消耗在勾心鬥角上，工作效率減退，業績下降。別人任何比他強的方面都成了他嫉妒的緣起。

英國哲學家培根說：「人類最卑劣、最墮落的情慾是嫉妒，嫉妒這惡魔總是在暗暗地，悄悄地毀掉人間的好東西。」詩人艾青說：「嫉妒是心靈上的毒瘤。」可見，嫉妒的危害性是多麼的大。因此，我們一定要遠離嫉妒，哪怕心靈中產生的只是嫉妒的星火，也要及時將其撲滅，絕不能讓嫉妒之火燒毀我們的靈魂。

既然嫉妒如毒瘤，我們就要轉移它，不讓嫉妒之火成為心中的枷鎖。你要明白，嫉妒實質上是在不知不覺中頌揚了自我。孤傲和自以為是，是進取心的大敵。一滴水成不了海洋，一棵樹成不了森林。任何事業的成功都少不了合作，而嫉妒卻總是會拆散所有的合作。因此，克服嫉妒，你我就要時刻提醒自己：只有靠你自己將一事無成。

巴魯克說：「不要妒嫉。最好的辦法是假定別人能做的事情，自己也能做，甚至做得更好。」記住，一旦你有了嫉妒，也就是承認自己不如別人。你要超越別人，首先你得超越自己。波普曾經說過：「對心胸卑鄙的人來說，他是嫉妒的奴隸；對有學問、有理性的人來說，嫉妒卻是化為競爭的動力。」堅信別人的優秀並不妨礙自己的前進，相反，卻給自己提供了一個競爭對手、一個榜樣，能給你前所未有的動力。事實上，每一個真正埋頭於自己事業的人，是沒有時間去嫉妒別人的。

第二章

適應現實，跨越人生的第一道門檻

不能正視現實、適應現實的人，往往好高騖遠，一旦受挫，就會生活在自怨自艾、鬱悶沮喪的世界裏不能自拔。記住，我們一定要學會正視現實，接受現實，適應現實，這是跨越人生的第一道門檻。

1 接受最真實的自己

生活中，有人太重視自我，也有人太輕視自我。太重視自我者往往目中無人，狂妄自大，在遭遇挫折後又容易一蹶不振、怨天尤人。太輕視自我者往往喪失信心，甚至自甘墮落。怎樣認識自我，怎樣發現自我的優勢，怎樣評估自我，怎樣發揮自我，這不是一件小事情。

紀伯倫在其作品裏講了一隻狐狸覓食的故事：狐狸欣賞著自己在晨曦中的身影說：「今天我要用一隻駱駝當作午餐呢！」整個上午，牠奔波著，尋找駱駝。但當正午的太陽照在牠的頭頂時，牠再次看了一眼自己的身影，於是說：「一隻老鼠也就夠了。」狐狸之所以犯了兩次截然不同的錯誤，與牠選擇晨曦和正午的陽光作為鏡子有關。晨曦不負責任的拉長了牠的身影，使牠錯誤的認為自己就是萬獸之王，並且力大無窮無所不能，而正午的陽光又讓牠對著自己已縮小的身影妄自菲薄。

大師筆下的這隻狐狸在現實生活中大有人在。對自己認識不足，過分強調某種能力或者毫無根據承認自己無能。這種情況下，千萬別忘記了上帝為我們準備了另外一面鏡子，這面鏡子就是「反躬自省」。它可以照見落在心靈上的塵埃，提醒我們「時時勤拂拭」，使我們認識並接受真實的自己。

尼采曾經說過：「聰明的人只要能認識自己，便什麼也不會失去。」正確認識自己，才能使自己充滿自信，才能使人生的目標不迷失方向。正確認識自己，才能正確定好人生的奮鬥目標。只要有了正確的人生目標，並充滿自信，為之奮鬥終生，才能此生無憾，即使不成功，自己也會無怨無悔。

有一個青年，大學畢業已經工作兩三年了。他在聽了一次成功講座課堂之後，頗受啟發和鼓舞，心情為之振奮。他在課堂上的當眾講話練習中說：「所有的成功者，儘管他們的出身、學歷、境遇、職業和個性等等各不相同，但都有一個共同點，那就是自信。自信，是成功的第一要訣。今後，我一定要有自信！」大家對他的發言報以熱烈的掌聲。然而在他回到公司過後，又變得情緒低落了。為什麼會出現這種反差呢？原來他所在的研究室，所有的工作人員都比他學歷高，不是博士就是碩士，只有他一個人是大學畢業。所以，不論他在家裏事先想得有多麼好，只要一上班就前功盡棄，只有感到自卑而無法有自信。

這還只是沒有能夠正確認識自我的一個方面。要想正確的認識自我，必須先知道自己是怎麼樣的一個人。尋找自我，樹立自我，相信自我。迷惘時不必祈求神靈，憂愁時不必寄情於深邃的夜空，最好的依靠就是自己。認識自我，客觀的評價自我，才能找對自己的位置。孫子曰：「知己知彼，百戰不殆。」只有認識到真正的自我，才能尋找到屬於自己的那片天空，去創造輝煌，奏響人生最美的樂章。

要想全面深刻地瞭解自我，就必須找對自己在現實環境中的位置。

首先要從生理的自我、心理的自我、社會的自我三個方面來全面深刻地瞭解自己。認識到你自己到底是個什麼樣的人，自己需要的是什麼，自己的目標是什麼；這樣才能找對自己的位置，給自己準確的定位。具體的做法就是要能把自己放在大的社會現實環境，和歷史條件下認識自身的條件、能力、地位、作用、責任等，也能把自己放在小環境中認識自己的條件、能力、地位、作用和責任，給自己在社會大環境和小環境中恰當的定位，這樣才對理想自我的構建、自我的發展，以及人際關係的處理大有裨益；其次就是要給自己信心與自信。

2 煩惱來自對完美的追求

很多時候，我們的煩惱不是來自於對「美」的追求，而是來自於對「完美」的追求。由於刻意追求完美，我們不能容忍缺陷的存在，其結果是經常一點小小的缺陷，就可能遮蔽我們審美的眼睛，使我們的目光滯留在缺陷上，而忽略了周圍其他的美好之處，以至於沉浸在自怨自艾之中。

有位叫金樺的女孩，曾以優異成績考上某明星大學。但是，來自童年的某種深刻的自卑，使她堅定的認為自己給異性同學留下的印象不完美，而這是她所不能容忍的。她的生活原則是：要麼最好，要麼不要。她總想給人以最美好的印象，但是又無法自信做到。既然不能做到，那就撤走這印象的原型。於是，她毅然決定退學。金樺的「毅然」換來了母親無盡的淚和自己前程的急轉直下。後來，透過心理醫師的協助，她對自己的生活原則進行了反省：「我一直追求完美，但完美這傢伙卻越追越遠，其結局往往是不完美，甚至可以用一個不是很雅的公式來概括：完美等於完蛋。」

生活中像金樺這樣的人有很多，他們有的追求工作上的完美，永遠只能第一，不能第二；有的追求人際關係上的完美，希望所有的人都能喜歡自己，容不得別人對自己有半點不滿，也容不得別人有閃失和錯誤；有的追求生活上的完美，無論吃飯、穿衣，每個細節都要考慮再三……

可以說，追求完美境界的人往往既是自我嫌棄的高手，也是挑剔別人的專家。當自己不能達到理想中的完美高度時，他們很容易作繭自縛，自暴自棄；當別人沒有自己所期望的那樣完美時，他們便心懷不滿和怨恨。他們在精神和感情上只能享用「純淨水」，但是卻忽視了一點：水至純則無營養。問題並不在於這些對自己、對別人的挑剔是否有所根據，而在於為這種挑剔花費了多少心血，消耗了多少能量，但是並沒有改變什麼。所以，完美主義一旦變成對現實的苛求，立刻就成為人們成長的阻礙。

心理學研究證明，試圖達到完美境界的人與他們可能獲得成功的機會恰恰成反比。追求完美會給人帶來莫大的焦慮、沮喪和壓抑。事情剛開始，他們就在擔心著失敗，生怕做得不夠漂亮而輾轉不安，這就妨礙了他們全力以赴去取得成功。而一旦遭到失敗，他們就會異常灰心，想儘快從失敗的境遇中逃避開來。他們沒有從失敗中獲取任何教訓，而只是想方設法讓自己避免尷尬的場面。

很顯然，揹負著如此沉重的精神包袱，不用說在事業上謀求成功，而且在自尊心、家庭問題、人際關係等方面，也不可能取得滿意的效果。他們抱著一種不正確和不合邏輯的態度對待生活和工作，他們永遠無法讓自己感到滿足，每天都在焦躁不安中度日。

我們總是在盡力做好每一件事情，卻往往得不到別人的認可，或者不能取得成功。為此，我們十分苦惱。其實，與其越做越糟，不如瀟脫的放棄。我們的前面總是會有更好的風景在等待著我們去欣賞，何必為眼前的這些暗淡境遇而延誤生命的美麗呢？

只要你做好應該做的事情，就是值得稱讚的。在生命結束的時候，一個人如能問心無愧地說：「我已經盡了最大的努力。」那麼他就此生無悔了。

「金無足赤，人無完人」，我們都應該認識到自己的不完美。全世界最出色的足球選手，十次傳球也有四次失誤；最出色的籃球選手，投籃的命中率，也只有五成；最精明的股票投資專家，買五種股票也有馬失前蹄的時候。既然連最優秀的人做自己最擅長的事都不能盡善盡美，我們的失誤肯定更多。這就是說，我們絕不可能使每個人都滿意。每個人都會有他個人的感覺，都會根據自己的想法來看待世界。所以，不要試圖讓所有的人都對你滿意，否則你將永遠也得不到快樂。

現實生活中我們也常常遇見類似的事情，當某人做了一件善事，引起身邊同事們的注意時，會聽到各種截然不同的評論。張三說你做得好，大公無私；李四說你野心勃勃，一心想往上爬；上司稱讚你有愛心，值得表揚；下屬則說你在做個人宣傳……總之，各式各樣的議論，有的如同飛絮，有的好似利箭，一一迎面撲來。怎麼辦呢？最好的辦法，就是抱著「有則改之，無則加勉」的態度。

別人說的，讓人去說；別人做的，讓人去做。嘴巴長在人家臉上，你想控制也控制不了。然而，絕不要被人家的評論牽住自己，更不要因別人的言語而苦惱。記住，自己就是自己，自己才是自己的主人！

在一個人的生活圈中，起碼有一半的人不贊成你所說的那些事情。因此，無論你什麼時候發表意見，你總是會有五〇%的機會，也總是面對一些反對意見。

明白了這一道理之後，當有人不同意你所說的某些事情時，你不要覺得自己受到了傷害，也不要立即改變你的意見以便贏得讚譽之詞；相反，你應該提醒自己，沒有人會是十全十美的讓每個人都滿意的。如果你知道了這一點，也就知道了走出絕望的捷徑。

現在許多人的通病就是不瞭解自己。他們往往在還沒有衡量清楚自己的能力、興趣之前，便一頭栽在一個好高鶩遠的目標裏，每天享受著辛苦和疲憊的折磨。他們希望獲得他人的掌聲和讚美，博得別人的羡慕。為此，便將自己推向完美的邊界，做什麼事都要盡善盡美。久而久之，他們的生活就變成了負擔和苦悶，而不是充實和享受了。

人貴在瞭解自己，根據自己的能力去做事，才能真正的喜悅。不管什麼時候，都不必刻意去追求所謂的完美境界，重要的是每一步都能走的穩。

3 正視自己的缺陷

你是否一直都在追求完美無缺，追求完美的生活，完美的人格，完美的生命。其實缺陷也是一種美，但往往被人們忽視了。在人們心中無缺口的富士山是完美的，假如你繞富士山一圈，認識它的全貌以後，你就會發現有缺口的富士山更美麗。

著名的維納斯雕像，就是因為「斷臂」才魅力無窮的。曾有好心人將她的手臂根據自己的想像做了修補，可是看見的人卻都說這不是維納斯了，因為失去了她那種「殘缺的美」。

很多人都看過謝爾・希爾弗斯坦畫的一幅名為《缺失的一角》的寓言：

由於缺了一角，它總是不快樂，於是動身去尋找那失落的一角。它唱著歌向前滾動，其間有苦有樂。它因為缺了一角，不能滾得太快，它和小蟲說話，聞花香，蝴蝶還站在它頭上跳舞。它經歷了很多，也碰到很多失落的一角，可是有的太小，有的太大，有的太尖，有的太鈍……終於它找到了恰到好處的一角，太合適了！它高興極了，因為它再也不缺一角了，它滾的很快，快的都不能停下來了，它不能和小蟲說話，也不能聞花香，蝴蝶也站不到它頭上了……它累了，於是把那一角輕輕放下了，從容地向前滾動著……

我們每個人都是缺少了一角的，那缺失的一角，也許不夠可愛，但那也是生命的一部分，我們要正視它的存在。正因為我們缺失了那一角，我們必須去認識、去找尋、去完善，那樣才會豐富多彩。如果我們生下來就很完美，沒有缺失一角，那我們還真的不知道自己怎麼發展，怎麼完善，那一生都不會有什麼太大改變，也就沒有多彩的人生了。

人的缺陷是先天形成的，遺憾則是自我的感受。缺陷是無法改變的，而遺憾卻能更改。所以，我們千萬不能把缺陷當遺憾。因為，一個人如果覺得自己的缺陷是一種遺憾，便會覺得生活沒有希望，導致意志消沉，沒有鬥志，於是煩惱也就應運而生了。

人的許多缺陷有的是與生俱來的，譬如相貌、身材、脾氣、個性、智商、能力等方面的缺陷；有的是後天改變的，比如車禍、疾病、自然災害等造成的缺陷，一經形成後就很難改變，甚至根本無法改變。但是只要我們以積極的心態去面對，勇敢地改變它，缺陷也就不成缺陷了。

一個名叫阿雄的男孩出生時兩眼全盲，醫生判斷是先天性白內障。阿雄的父親帶著他四處去求醫，每到一個地方都會用哀求的口吻問醫生，能不能治好這種疾病？可是每個醫生都會抱歉的給他同一個答案：「對不起，我們目前還找不到治療的辦法。」

阿雄的父親為此感到非常的沮喪。但是，父母的愛和信心卻使阿雄的童年生活依然過得多彩多姿，完全不覺得自己的殘疾。

然而，在阿雄六歲的時候卻遇到了一件意想不到的事情。有一天下午，他的玩伴們約他一起去玩球，正玩得非常高興的時候，一個名叫阿牛的小朋友忘記了阿雄看不見，向他丟過去一顆球，並且說：「阿雄，球要打到你了！」

果然，雙目失明的阿雄被球擊中了，雖然他沒有受傷，卻十分不解。他問母親：「為什麼阿牛知道球會打到我，我自己卻不知道？」

母親嘆了口氣，知道她擔憂的時刻終於到來了，她默默地握著兒子的小手，數著他的手指頭說：「一、二、三、四、五，這五根手指就像人的五種感官。聽覺、觸覺、嗅覺、味覺、視覺，這五種感官，會將信息傳達到你的大腦。」

說完，她把代表視覺的手指彎下來對阿雄說：「你和別人不同。你只有四種感覺，聽覺、觸覺、嗅覺、味覺，但是沒有視覺。」

忽然，母親嚴厲地對阿雄說：「阿雄，你站起來！」母親見他站起來後，便把球撿起來，向他輕輕拋去：「準備接球！」阿雄感覺球已碰到手指，便雙手合攏，把球接住了。

「太好了，阿雄！」母親說：「你永遠都不要忘了剛才做的事情。你雖然只有『四根』手指，但也一樣能接到球。」

從此以後，阿雄永遠都沒有忘記「只用四根手指」也一樣能接到球的事實。並且當他因為視覺的殘疾受到挫折時，他從來都沒把自己的缺陷當作是一種遺憾。

所以，在生活中，我們不要為有缺陷而煩悶和憂愁，應當積極地去面對人生。這樣，我們就會發現，正是缺陷讓我們達到了人生真正意義上的完美。

假如缺陷已經降臨到了你的身上，就不要把它當作是自己的遺憾，只要你調整心態，就會感受到生活原來是如此的絢爛多姿。

4 敢於面對無法改變的事實

在人生的旅途中，每個人都不可避免的會遇到一些令人不愉快的情況。我們不妨愉快的把它們當作一種既成事實加以接受，並且耐心的去適應它。當然，你也可以選擇焦慮來毀了自己的生活，甚至把自己搞得精神崩潰，憂鬱而終。

荷蘭首都阿姆斯特丹有一棟十五世紀的老教堂，在它的廢墟上留有這樣一行字：事情既然已經這樣，就不會另有別樣。

曾有人問一位沒有左手的殘障人士：少了一隻手會不會很難過？那位殘障人士說：「噢，不會，我根本就不會想到它。只有在要穿針的時候，才會想起自己沒有左手。」

其實我們人類在無法改變的情況下，幾乎都能很快接受任何一種難以接受的情形，或讓自己慢慢適應，或者整個視而不見，把它當作本來如此。

如果發生的變故無論我們如何做也於事無補，這時我們可以嘗試改變自己。這是不是說，在碰到任何挫折的時候，我們都應該低聲下氣呢？當然不是如此，那樣就與宿命論者無異了。如果事情還有一點挽救的機會，我們就要爭取。可是當常識告訴我們，事情不可逆轉，也不可能再有任何轉機時，我們只能讓自己接受既成的事實。

假如遇到一些令人不可接受而客觀上又不能避免的事實，那麼，你該怎麼辦呢？我的觀點是：**不要死纏不放，要立即轉換角度，接受不可避免的事實，馬上做下一個事情。**

在漫長的歲月中，你我一定會碰到一些令人不愉快的情況。我們可以把它們當做一種不可避免的情況加以接受，並且適應它。哲學家威廉・詹姆斯說過：「要樂於承認事情就是這樣的情況。**能夠接受已發生的事實，就是能克服任何不幸的第一步。**」

我們從來沒有看到哪一條母牛因為草地缺水乾枯，天氣太冷，或者是哪條公牛追上了別的母牛而大為發火。動物都能很平靜地面對夜晚、暴風雨和饑餓，所以牠們從來不會精神崩潰或者發瘋。

不論在哪一種情況下，只要還有一點挽救的機會，我們就要奮鬥。可是當常識告訴我們，事情已不可避免也不可能再有任何轉機時，那麼，請保持我們的理智，不要「左顧右盼，無事自憂」。

許多有名的生意人，都能接受那些不可避免的事實而過著無憂無慮的生活。如果不這樣的話，他們就會在過大的壓力下被壓垮。

創設了遍及全美的潘氏連鎖商店的潘尼說：「哪怕我所有的錢都賠光了，我也不會憂慮，因為我看不出憂慮可以讓我得到什麼。我盡我所能把工作做好，至於結果就要看老天爺了。」中國也有句古話說：「謀事在人，成事在天。」

克萊斯勒公司的總經理凱勒先生談到他如何避免憂慮的時候說：「要是我碰到很棘手的情況，只要想得出辦法解決的，我就去做。要是做不成的，我就乾脆把它忘了。我從來不為未來擔憂，因為，沒有人能夠知道未來會發生什麼事情，影響未來的因素太多了，也沒有人能說出這些影響從何而來，所以何必為它們擔心呢？」他的想法，正和一千九百年前，羅馬的大哲學家依匹托塔士的理論差不多。「快樂之道無他。」依匹托塔士告訴羅馬人：「就是不要去憂慮我們的意志力所不能及的事情。」

莎拉・班哈特曾經是全世界觀眾最喜愛的一位女演員，她在七十一歲那一年破產了，而她的醫生波基教授告訴她必須把腿鋸斷。她因摔傷染上了靜脈炎，腿痙攣，醫生覺得她的腿一定要鋸掉，又怕把這個消息告訴那個脾氣不好的莎拉。然而，當他告訴她的時候，他簡直不敢相信，莎拉看了他一陣子，然後很平靜地說：「如果非這樣不可的話，那只好這樣了。」這就是命運。

當她被推進手術室的時候，她的兒子站在一旁哭，莎拉朝他揮了一下手，高高興興地說：「不要走開，我馬上就回來。」在去手術室的路上，她一直背著她演過的一齣戲裏的一幕。有人問她這麼做是不是為了提起她自己的精神，她說：「不是的，是要讓醫生和護士們高興，他們承受的壓力可大得很呢。」

當我們不再反抗那些不可避免的事實之後，我們就能節省下精力，創造出一個更豐富的生活。

沒有人能有足夠的精力，既能抗拒不可避免的事實，又能創造一個新的生活。你只能選擇一個，你可以在那些無可避免的暴風雨之下彎下身子，或者因抗拒它們而被摧折。從來沒有人看見過一棵柏樹或是一棵松樹被冰雪或冰雹壓垮。因為這些松柏知道怎麼去順從，怎麼彎垂下它們的枝條，怎麼適應那些不可避免的情況。

「對必然的事，要輕快地去承受。」這句話是耶穌基督說的，對現在人更有教育作用。

5 生活並不總是公平的

生活並不總是公平的，這是事實。現實生活中許多人之所以習慣抱怨，很大的一個原因便是為自己或他人感到遺憾，認為生活應該是公平的，或者終有一天總會公平的。其實不然，這種絕對公平現在不會有，將來也不會有。

認識到生活中充滿著不公平這一事實的一個好處，便是它能激勵我們去盡己所能，而不再自憐自艾。我們知道讓每件事情都完美並不是生活的使命，而是我們自己對生活的挑戰。每個人在成長、面對困難、做艱難抉擇的過程中，都有感到成了犧牲品或遭到不公平對待的時候。

承認生活並不總是公平這一事實，並不意味我們不必盡己所能去改善生活，去改變整個世界；恰恰相反，它正表明我們應該這樣做。當我們沒有意識到或不承認生活並不公平時，我們往往陷入心理失衡的境地，導致憤世、悲觀等處世態度，而這種態度是一種於事無補的失敗主義的情緒，它只能讓人感覺比現在更糟。但當我們真正清楚生活並不公平時，我們會對他人也對自己懷有同情，充滿理解，所到之處都會散發出充滿愛意的仁慈。當你發現自己在思考人世間的種種不公平時，就要即時提醒自己這一基本的事實。你或許會驚喜地發現它會將你從自憐自艾中拉出來。

總之，我們承認生活不總是公平的客觀事實，並不意味著一切消極的開始，正因為我們坦然接受了這個事實，我們才能心態持平，找到屬於自己的人生定位。許多不公平的事，我們是沒有辦法逃避的，也是不能由自己選擇的。我們只能坦然接受已經存在的事實並進行自我調整，抗拒不但可能毀了自己的生活，而且也會使自己的精神崩潰。因此，人在無法改變不公和不幸的厄運時，要學會接受它，並去適應它。

我們在埋怨自己的生活不公平、人生多磨難的同時，想想或許還有許多多災多難的人們，與他們相比我們的困難和挫折算什麼呢？

所以，我們承認生活不總是公平的，並積極地去適應它。這樣，我們才能擺脫消極，心態持平，在人生的道路上走得更穩健。

6 做人要有承受力

美國麻省理工學院曾經進行了一個很有意思的實驗。研究人員用很多鐵絲將一個小南瓜整個綑住，以觀察當南瓜逐漸長大時，對這個鐵絲產生的壓力有多大。最初他們估計南瓜最大能夠承受五百磅的壓力。

在實驗的第一個月，南瓜承受了五百磅的壓力；實驗到第二個月時，這個南瓜承受了一千五百磅的壓力；當它承受到二千磅的壓力時，研究人員必須對鐵絲加固，以免南瓜將鐵絲撐開，最後，整個南瓜承受了超過五千磅的壓力後，南瓜皮才產生破裂。他們打開南爪，發現它已經無法再食用，因為它的內部充滿了堅韌牢固的層層纖維；為了吸收充足的養分，以便於突破限制它生長的鐵絲，它所有的根往不同的方向全方位的伸展，直到控制了整個花園的土壤與資源。

由南瓜的成長想到人生，我們對於自己能夠變得多麼堅強常常毫無概念！假如南瓜能夠承受如此巨大的壓力，那麼人類在相同的環境下又能承受多少呢？

在許多情況下，我們有許多人不如南瓜。儘管有比南瓜更堅強的承受力，但他們沒有承受的勇氣，甚至有時候壓力還沒有加到他們身上時，他們就已經趴下了。他們懷疑自己的能力，不敢與壓力抗衡，因為現實中有許多被困難、挫折、失敗壓垮的人啊！

比如說，如果你在公司的團體當中，要處理好各個方面的關係，包括：你和上司之間的關係，同級之間的關係，你和下屬之間的關係；因為關係複雜，處理這些問題非常耗費你的時間和精力。處理不好，還會遭到來自各方面的非議和指責，如果你跟上司的關係走得很近，同事會說你是在拍馬屁，你如果關心了一位女同事，馬上有人會在你背後比手畫腳，說你別有企圖。總之，指責和非議會排山倒海般向你湧來，對你形成很大的壓力。

如果你升為主管，同樣有更大的壓力等著你，這可是一個全新的角色。誠然，你要處理好與下屬的關係，要瞭解向一個新的上司報告的藝術，要對你的部門甚至整個公司做一番評估，這一切，都會給你帶來精神和體力上的壓力。

因此，緩解壓力對你來說就顯得很重要。緩解壓力其實就是一個適應環境的過程。如果環境對一個人的要求高於他所能達到的，那麼，壓力就會增大；如果環境對人沒有什麼要求，也不具有什麼挑戰性，更談不上激動人心的話，那麼，人們對這一切總會無動於衷，自然談不上會有什麼壓力了；如果環境對人要求太多了，那麼，為了應付這一切，人們就會出現諸如失眠、心跳增加、胃疼或頭疼之類的症狀，不同的人在遭遇到壓力時會有不同的生理反應。

太多的壓力會讓你感到應接不暇，於是事情就一件件的積壓、無法完成，然後你就會感到不安、焦慮，或者擔驚受怕。而壓力過少的話，又會讓你覺得時間太多了，因而會覺得枯燥乏味、疲憊或失望，認為生活沒有意思。久而久之，怨氣自然也就來了。

在美國，有人曾做過一項研究，調查了五十六個主管的工作，發現他們在八小時時間裏平均要有五百八十三項活動，也就是每隔四十八秒就得採取一個行動，這個調查表明，他們總是一刻不停的在做著什麼。另外的研究也證明了這一點。例如，在英國一百六十位經理人都發現，每隔兩天，他們才會有半小時左右不受任何事或人為打擾的時間。所有這方面的研究都顯示，主管們從這個問題跳到那個問題，對當時需要做出種種反應，一點也不得空。而一半以上的管理行為持續不到九分鐘。

你要怎麼做才能避免這種情況呢？

在你知道一整天都得在持續的快節奏下工作之後，你就得計劃著讓自己休息輕鬆一下，比如，每隔一個半小時，就休息五至十分鐘，什麼也別做，坐著想些事，放鬆、深呼吸、伸伸腿、喝杯茶或咖啡。別讓你自己老是被人推擠著往前走，因為如果你不停下來腳步的話，你的效率會降低。

大量的壓力都來自於那些沒有達成的期望，包括你自己的和別人的。在工作中，一般遇到的情況是，你的沒有達到上司的要求，但是，有時候如果你給你自己設立了不切實際的高標準，情況也許還要糟糕。我們也會因為家庭事務而感到處在壓力之下，我們因擔心生病的孩子而不安，為我們工作焦慮，或者對和朋友吵架而深感自責。

壓力也來自於你對那些也許永遠也不會出現的問題的擔心，比如說，有人會在搭乘飛機之前緊張，害怕飛機會墜毀。對待因擔心這些也許不會出現的事而產生的壓力，最要緊的就是分析一下這些問題，看它們會在什麼樣的情況下出現，你碰上這種事的機率是多少？有避免的方法嗎？如果你認為發生的機率幾乎等於零的話，還有什麼要擔心的呢？

第三章

調整心態，不再憤世嫉俗

面對生活中的種種不如意，如果你不能調整心態，那麼就只能怨天尤人，只能悲苦一生。其實沒有人對不起你，而真正對不起你的是你自己的心。

1 與其抱怨命運，不如調整心態

很多人都習慣於把自己的失敗和生活中的不如意歸咎於自己的命運不好，事實上，不是他們的命運不好，而是消極的心態影響了他們。英國著名文學家狄更斯曾說：「一種健全的心態，比一百種智慧更具有力量。」這句不朽的名言告訴我們這樣一個真理：**有什麼樣的心態，就有什麼樣的人生**。相同一件事情由不同心態的兩個人去做，其結果必然不一樣。所以，與其抱怨命運，不如把自己的心態調整到積極的一面。

我們每個人每天都會遭遇很多事情，這些事情有好有壞。碰上壞事情，一些人的心情也隨著變得糟糕起來。其實，這是沒有必要的。因為凡事都有好的一面，都蘊藏著美好的東西，這就要看你用什麼樣的心態去對待它。

有一個旅人從一棵椰子樹下經過，一隻猴子從上面丟下來一顆椰子，正好打中了他的頭。

這個旅人摸了摸頭上腫起來的包，然後把椰子撿起來剖開，喝椰子汁，吃果肉，最後還用椰殼做了一個碗。

親愛的朋友，假如猴子丟下的那顆椰子打中的是你的頭，你會用什麼樣的態度來對待這個「意外的打擊」呢？如果是怨恨，是咒罵，那麼不但無濟於事，反而還會使你的心情變得更糟糕；如果你選擇了積極的心態，就像故事中的那個旅人一樣，只是摸了摸頭上的腫塊，然後撿起椰子愉快地喝椰子汁和吃掉果肉，並把椰殼做成一個碗；這時你也有可能因心情的變好而感謝那隻猴子、頭上的腫塊和椰子。因為如果沒有這一切，或許你就無法解決旅途中的寂寞、饑渴和無聊。

小王和小江同時被公司解雇了，這如同「晴天霹靂」。小王在找不到其他工作時，乾脆自己做起了小生意。這是他第一次當老闆，做自己以前並不想做也不熟悉的事。雖然面臨很多的困難，但小王卻突然覺得生活更有意義，更具有挑戰性，並認為這一切都是「晴天霹靂」帶來的好處。

面對失業，小江卻選擇了沮喪、頹廢，他不願重新去找工作，也不願像小王那樣自謀生路，而是一味的怨天尤人，整天咒罵上蒼的不公平。

幾年後，小王和小江在大街上相遇了。這時的小王作為一個施捨者，向街旁一個衣衫襤褸的乞丐遞過去一百塊錢，而那個伸著雙手，跪在地上的乞丐正是當年的小江。

當初同樣的境遇，兩人面對「晴天霹靂」的不同心態，才造就他們今天的天壤之別。

因此，當災難突如其來，你與其以消極的心態待之，不如以積極的心態去化解。當你以健康、積極的心態去化解災難時，你就有可能從中得到更大的益處。這難道不是人生中的另一番收穫嗎？

一個人如果心態積極，樂觀地面對人生，樂觀地接受挑戰和應對麻煩事，那他就成功了一半。成功卓越的人活得充實、自在、瀟灑；失敗平庸的人過得空虛、艱難、猥瑣。

生活中，之所以失敗平庸的人多，主要是心態有問題。遇到困難總是挑選容易的後退之路，總是想著「我不行了，我還是退縮吧」，結果陷入失敗的深淵。成功的人遇到困難仍然擁有積極的心態，用「我要！我可以！一定有辦法」等積極的意念鼓勵自己，從而想盡辦法，不斷前進，直到成功。

因此有人說，我們的環境包括心理的、感情的、精神的，都是由我們自己的態度來創造。馬爾比‧馬布科克說：「最常見同時也是代價最高昂的一個錯誤，是認為成功有賴於某種天才、某種魔力、某些我們不具備的東西。」可是成功的要素其實掌握在我們自己的手中，成功是運用積極心態的結果。

2 世界上沒有絕對幸運的人

生活中，有的人總是認為自己是不幸的人，沒有在福利優厚的公司工作，沒有做高官的父母，沒有功課成績永遠第一的孩子……其實，這世界上沒有絕對幸運的人。換言之，幸與不幸是沒有標準的，它只是一種心態—無論在什麼情況下，只要你覺得自己是幸運的，那麼你就是幸運的。

如果遭受一點挫折就馬上大呼不幸，那也只能讓你感覺自己更加不幸。如果你把一點點的不幸放在顯微鏡下面，並且長時間的看著，你甚至會被自己看到的一切嚇到；不幸的感覺就會把你帶進絕望的深淵而不可自拔。

有一次，一位將軍率領船隊在海上航行，途中遇到了暴風雨。一名士兵因是第一次坐船，所以嚇得不停的狂呼亂喊，大哭不止，讓船上的人幾乎都受不了。因為這讓本來並不擔心的人開始感到了恐懼，將軍氣惱地想下令把這名士兵關起來。

這時將軍身旁的一位校官說：「不要關他，讓我來處理。我想我可以使他馬上安靜下來。」校官隨即命令水手將那位士兵丟入海中。那個可憐的傢伙一被丟下海，手腳亂舞，狂呼救命。過了幾分鐘，校官才叫人把他拉上船來。

回到船上後，說也奇怪，剛才歇斯底里大叫不停的士兵，靜靜地待在船艙一角，半點聲音也沒有。將軍好奇的問這位校官何以會如此？校官答說：「在情況轉變得更加惡劣之前，人是很難體會自身是多麼的幸運。」

顯然，這位校官是位高明的邏輯學家，在他的手中幸運就像球拍，而不幸則是球；一支有「幸運的球拍」才能將「不幸的球」狠狠打出去。這種邏輯又像大海中一個落難的人，海難是不幸的，但懷中的救生圈卻讓他感到自己是多麼的幸運，至於漂到哪裡，甚至漂多久都不是問題，因為幸運永遠在他懷中，他不會因為方位、距離的變化而失去救生圈。所以，即使遭遇海難，他也並不認為自己是不幸的，懷中的救生圈讓他相信自己一定會獲救。

從心理學的角度講，無論你陷入什麼樣的艱難境地，都要想到還有比這更不幸的，相比之下，我已經夠幸運了。

如果總是將自己置於幸運的基楚上，會使你永遠保持積極的、向上的心態。而積極的心態是成功的動力。另外，如將大海比作死亡或地獄，對於那位驚恐萬分的士兵而言，他無疑是到「地獄」走了一回。如此「大難不死」的經歷，讓他覺得這世界已沒有什麼可怕的事了，覺得回到船上是無比幸運的。由此可見，不幸也能給人帶來好處，這就要看你用什麼樣的心態來看待它。

從辯證的角度講，幸運中隱藏著不幸，而不幸中往往會產生令人羨慕的幸運者。古人有「禍兮，福之所倚；福兮，禍之所伏」的說法，正是此意。

道理非常簡單，過多的幸運只會讓一個人意志逐漸薄弱，經不起不幸的打擊，一旦遭遇波折，只能怨天尤人。

不幸對於幸運兒而言無疑是滅頂之災，無力抗拒。因為幸運兒習慣了幸運，在他們的生活中，只有一帆風順、心想事成，他們不認為這也是生活的一部分。他們就像溫室裏的花朵，失去了抗擊風雨的能力。而不幸對於那些經常遭受折磨的人來說是家常便飯，常吃這種「不幸飯」的人，意志都是堅強的。他們清楚的知道，人生不是風調雨順的，幸運只是偶爾光臨。幸運是有限的，不幸卻是無限的。一個過早透支了幸運的人，剩下的無疑是更多的不幸。這其中自有道理：因為你幾乎經不起不幸的打擊，一旦被擊倒，你這個沒經過不幸的「魔鬼訓練營」調教的人就很難爬起來。如此一來，更多的不幸就會劈頭蓋臉的砸下來。

失敗的不幸像骨牌一樣，一旦倒下便不可收拾；成功的幸運卻似流星隕石，輕易落到你腳下。一個聰明的、有遠見的人，一定會懂得正確對待幸運與不幸。

3 平衡心態，遠離煩惱

在現實生活中，很多人的內心世界或多或少都有一些不平衡的心理。某人升了官，某人賺了錢，某人買了車……你覺得自己原本比他們強，卻不如他們風光體面！只要一對比，就會產生不平衡的心理，而這種不平衡的心理又驅使你去追求一種新的平衡，如此反覆，身心就會處於一種失控的狀態中。一個人如果連自己的心態都控制不了，那他的人生也必將搖擺不定。

費希特年輕時，曾去拜訪大名鼎鼎的哲學大師康德，想向他討教。不料，康德對他很冷漠，並嚴詞拒絕了他。

費希特失去了一次機會，但他並沒有因此而深受影響，不灰心喪氣，也不怨天尤人，而是從自己身上尋找原因。他心想，自己沒有成果兩手空空，大哲學家當然怕打攪，自己為什麼不先拿出一些成果來呢？

於是，費希特埋頭苦學，完成了一篇《天啟的批判》的論文，呈獻給康德，並附上一封信，信中說：我是為了拜見自己最崇拜的大哲學家而來的。但仔細一想，對本身是否有這種資格都未審慎考慮，感到萬分抱歉！雖然我也可以請求其他名人的信函介紹，但我決定毛遂自薦，這篇論文就是我自己的介紹信。

康德細讀了費希特的論文後，不禁拍案叫絕。他為其才華和獨特的求學方式所感動，便決定「錄取」費希特，親筆寫了一封熱情洋溢的回信，邀請費希特一起探討哲理。由此，費希特獲得了成功者的機會，後來成為德國著名的教育家和哲學家。

可見懂得平衡自己心態的人，其煩惱總比別人少，而收穫總比別人多。

在現實生活中，不平衡使得一些人心理自始至終處於一種極度不安的焦慮、矛盾、忌恨之中，使他們牢騷滿腹，不思進取。因此，我們必須走出不平衡的心理。要走出不平衡的心理，首先就要學會優勢比較。比如受挫後有時很難找到傾訴的對象，這就需要自己設法去平衡心理。優勢比較法要求去想那些比自己受挫更大、困難更多、處境更差的人。透過挫折程度比較，將自己的失控情緒逐步轉化為平心靜氣。另外，要少抱怨他人，要多反省自己，因此就能慢慢調節好自己的心態。在遭遇挫折時，要先檢討自己哪裡做的不對，找到原因後再改正，千萬不要一開始就怨天尤人，否則心理不平衡，只會給你帶來更多的煩惱。

要知道，這個世界上沒有絕對公平的人和事，有時候不管你怎麼努力，幸運之神都不會降臨到你身上。因此，有的人心中就會有這樣的疑問：為什麼好人總是多難？為什麼壞人總是逍遙？為什麼付出努力的人卻沒有收穫？為什麼不曾付出的人卻能坐享其成？難道生活真的就這麼不公平嗎？

一九六三年，一位名叫瑪莉・班尼的女孩寫信給《芝加哥先驅論壇報》，因為她實在搞不明白，為什麼她幫媽媽把烤好的甜餅送到餐桌上，得到的只是一句「好孩子」的誇獎，而那個什麼都不做，只知道搗蛋的大衛(她的弟弟)，得到的卻是一塊甜餅。她想問一問無所不知的西勒・庫斯特先生，上帝真的公平嗎？為什麼她在家和學校常看到一些像她這樣的好孩子被上帝遺忘了？

西勒・庫斯特是《芝加哥先驅論壇報》兒童版「你說我說」欄目的主持人，十多年來，孩子們有關「上帝為什麼不獎賞好人，為什麼不懲罰壞人」之類的來信，他收了不下上千封。每次拆閱這樣的信件，他心裏都非常沉重，但他不知該怎麼回答這樣的提問。

正當他對瑪莉的來信不知如何是好時，一位朋友邀請他參加婚禮。也許他一生都該感謝這次婚禮，因為就是在這次婚禮上，他找到了問題的答案，並且這個答案讓他一夜之間名揚天下。

西勒・庫斯特是這樣回憶那場婚禮的：牧師主持完訂婚儀式，新娘和新郎互贈戒指，也許是他們完全沉浸在幸福之中，也許是兩人過於激動，總之，在他們互贈戒指時，兩人都陰錯陽差的把戒指戴在了對方的右手上。牧師看到這一情景，幽默地說了一句話：「右手已經夠完美了，我想你們最好還是用它來裝扮左手吧。」西勒・庫斯特說，正是牧師的這一句話，讓我茅塞頓開。

右手本身就非常完美了，沒有必要把飾品再戴在右手上。同樣，那些有德的人，之所以常常被忽略，不就是因為他們已經非常完美了嗎？後來，西勒・庫斯特得出結論：上帝讓右手成為右手，就是對右手的最高獎賞；同樣，上帝讓善人成為善人，也就是對善人的最高獎賞。

西勒・庫斯特發現這一真理後，興奮不已，他以「上帝讓你成為一個好孩子，就是對你的最高獎賞」為題，立即給瑪莉回了一封信，這封信在《芝加哥先驅論壇報》刊登之後，在不久的時間內，被美國及歐洲一千多家報刊轉載，並且每年的兒童節，他們都要將這封信重新刊載一次。

每個人都是自然界創造的奇蹟，對自己的境遇應儘量抱持平和的心態，以感恩的心情去充滿熱情的生活，不要再要求得到其他什麼回報，生活本身就是最高的獎賞。

4 人比人，氣死人

某機關有一位基層公務員，過著安分守己的平靜生活。有一天，他接到一位高中同學的聚會電話。十多年未見，這位公務員帶著重逢的喜悅前往赴會。昔日的老同學經商有道，住在豪宅，開著名車，一副成功者的派頭。這位公務員重返機關上班，好像變了一個人，整天哀聲嘆氣，逢人便訴說心中的煩惱。

「這小子，考試老是不及格，憑什麼有那麼多錢？」他說。

「我們的薪水雖然無法和富豪相比，但不也夠花了嗎？」他的同事安慰說。

「夠花？我的薪水賺一輩子也買不起一輛賓士車。」公務員心痛地跳了起來。

「我們是坐辦公室的，有錢我也用不著買車。」他的同事看得很開。但這位公務員卻終日鬱鬱寡歡，後來得了重病，臥床不起。

攀比是一把刺向自己心靈深處的利劍，對人對己毫無益處，傷害的只是自己的快樂和幸福。其實人比人並不會氣死人，如果可以客觀的比較的話，結果肯定是比上不足，比下有餘，對於任何一個人來說，都是如此。而會氣死人的，只是因為自己拿自己的缺點跟別人的優點比較，卻忽略了自己的優點，比別人差的地方看得很重，比別人好的地方覺得很普通，甚至忽略看不到。有人會說，人怎麼可以跟比自己差的人比呢？要比，當然是跟比自己好的人比了。這句話聽起來是很積極的心態，好像是在向好的學習，看到不足，然後加以改善，不好嗎？當然，如果是這樣的心態的話，當然是很好，但問題是，往往自己看到別人好的地方之後，並不是開始好好學習和努力，而是不斷的埋怨自己，甚至認為自己一無是處。

人比人並不要緊，看到別人的優點可以去學習，但是這不應該是自卑和煩惱的理由。事實上，人比人而生氣的人，往往是因為自身的性格和心理上的問題，使自己產生了自卑的心態。跟心理醫生談談，才可以更好的瞭解自己為什麼會產生自卑的心態。

5 生活其實都是一樣的

人世間，有的人家財萬貫、錦衣玉食；有的人倉無餘糧、櫃無盈幣；有的人權傾一時，呼風喚雨；有的人抬轎推車、謹言慎行；有的人豪宅、香車、嬌妻美妾；有的人醜妻、薄地、破棉衣……一樣的生命不一樣的生活，常讓我們心中生出許多感慨。

看看別人，比比自己，生活往往就在這比來比去中，比出了怨恨，比出了愁悶，比掉了自己本應有的一份好心情。

攀比，或許是人的一種天性。一個人有思維，必定有思想。看到人家好，人家強，凡夫俗子哪個不心動？就算是得道高僧，也要三聲「阿彌陀佛」，才能鎮住自己的慾望和邪念。生活的差別無處不在，而攀比之心又是難以克服，這往往給人生的快樂打了不少折扣。但是，假如我們能換一種思維模式，別專挑自己的弱項、劣勢去比人家的強項、優勢，比得自己一無是處，反而會瀟灑些。要把眼光放低一點，學會俯視，多往下比一比，生活想必會多一份快樂，多一份滿足。正如一首詩中所寫：「他人騎大馬，我獨跨驢子，回顧擔柴漢，心頭輕些兒。」再說騎大馬的感覺也並不一定就是你想像的那麼好，也許跨著驢子，悠哉悠哉尚能領略一路風光，更感悠閒、自在。

再說，理性的分析生活，我們也會發現，其實終其一生，生活對每一個人都是公平的，公正的，沒有偏袒。人生是一個由起點到終點，短暫而漫長的過程，在這個過程中每個人所擁有和承受的喜怒哀樂、愛恨情仇都是一樣的、相等的。這既是自然賦予生命的規律，也是生活賦予人生的規律，只不過我們享用、消受的方式不同，這不同的方式，便演繹出不同的人生。於是，有的人先苦後甘，有的人先甘後苦；有的人大喜大悲，有起有落，有的人安順平和無驚無險；有的人家庭不和，但官運亨通；有的人夫妻恩愛，卻事業受挫；有的人財路興旺，但人氣不盛；有的人俊美嬌艷，卻才疏德虧；有的人智慧超群，但相貌不恭，正如古人所說的：「佳人而美姿容，才子而工著作，斷不能永年者。」人生沒有永遠的贏家，也沒有永遠的輸家，這一如自然界中，常青之樹無花，艷麗之花無果；雪輸梅香，梅輸雪白。

俗話說：人生失意無南北，確實宮殿裏有悲哭，茅屋裏有笑聲。只是平時生活中無論是別人展示的，還是我們關注的，總是風光的一面，得意的一面，這就像女人的臉，出門的時候個個都描眉畫眼，塗脂抹粉，光艷亮麗，這全都是給別人看的。回到家後，一個個都素面朝天，這就難怪男人們感嘆：老婆還是別人的好。於是，站在城裏，嚮往城外，而一旦走出圍城，才發現生活其實都是一樣的。

6 痛苦和憂愁都是自找的

有一位哲人曾說：「假使你每天擔憂一回，那麼一生便要損失好幾年。有什麼能改善的，那麼就盡力而為之。鍛鍊你自己，不要憂愁，因為憂愁於事無補。」的確，憂愁只是白白浪費我們的時間而已，如同把許多好的東西扔掉一樣。然而，憂愁還是像「魔鬼」一樣附在許多人身上，使他們寢食難安，終日悶悶不樂，但這些人卻總是習慣把自己的不快樂甚至是痛苦看做是命運對自己的不公平，卻從來沒有反省過自己，這些痛苦和憂愁是自找的，而不是外界強加在他身上的。

你的態度決定你的心情，影響你的健康，甚至改變你一生的際遇。培養樂觀之心，凡事多往好處著想，使悲觀與自己無緣，這是心理健康的前提，也是幸福人生的關鍵之一。

相同一件事情，樂觀者凡事往好處想，而悲觀者凡事往壞處想，兩者的結果是完全不同的。有一次，電視轉播音樂大師梅達的音樂會。梅達出場前被掛了一個花環，當他上台起勁地指揮樂隊時，花瓣紛紛落到腳下。

等他指揮完，一位女士議論說：「他會站在一堆可愛的花瓣之中。」另一位男士有點憂傷的說：「他頸上只會掛著一條繩索。」

面對同樣的事情，看法各不相同。顯然，前者的樂觀比後者的悲觀更容易讓人奮進。

雖然生活中不盡如人意的事情很多，但是，我們仍然應該以樂觀的態度去看待，這樣生活中就會少一分憂慮，多一分開心。

要是火柴在你的口袋裏著起來了，那你應該高興，而且感謝上蒼：多虧口袋不是火藥庫。

要是有窮親戚上門來找你，不要臉色發白，而要高興的叫道：還好，來的不是警察！

要是你的手指頭扎了一根刺，那你應該高興：多虧這根刺不是扎在眼睛裏！

要是一個朋友也沒有，那你也應該高興：幸虧沒有的是朋友，而不是自己。

依此類推，親愛的朋友，照我們的建議去做吧，你的生活就會歡樂無比了。你身邊的世界也會跟著變成你所期望的模樣。你可以達到成功的最高峰，也可以停頓在無望、悲慘的生活中，這都取決於你看問題的態度。

選定以樂觀的態度生活，你就等於產生了一股永不止息的力量。朝著擁有成功的生涯，身心健康及其他生命中的財富邁進。

7　無法改變過去，但可改變現在

你改變不了環境，但你可以改變自己；你改變不了事實，但你可以改變態度；你改變不了過去，但你可以改變現在；你不能控制他人，但你可以掌握自己；你不能預知明天，但你可以把握今天；你不能樣樣順利，但你可以事事盡心；你不能左右天氣，但你可以改變心情；你不能選擇容貌，但你可以展現笑容；**你不能決定生命的長度，但你可以控制生命的寬度**。

這些話可能很多人都在書中讀到過，但你並不一定知道這些話是出自一個癌症患者口中，這給我們的心靈帶來更加強烈的震撼。對於一個患有絕症的人來說，人類在無法戰勝的病魔面前是多麼渺小和無助。對於一個普通人來說，我們對於社會的改造，對於環境的影響也是微乎其微。既然改變不了環境，改變不了社會，為什麼不改變我們自己來適應這個社會呢？

曾經被心愛的人拋棄在心靈的荒野，備受身心的雙重煎熬，無法自拔；曾經被效力過的老闆批評指責，失去豐厚的酬金，飽受生活的困窘；曾經被自己的無知出賣，輸掉可憐的賭注，後悔莫及……

如果說這一切都是失敗的話，我們幾乎被失敗佔據了整個過去。似乎過去成為了失敗的代名詞，沒有人願意再度提起。

有人說：「凡事不在乎最終的勝敗，至少我們曾經努力過。」

也有人說：「因為我們努力過，所以我們不能失敗。」

我想說的是我們不是神仙，我們很平凡，沒有什麼特異功能。等待會有奇蹟出現，躺在過去失敗的記憶裏，編織著真實和不真實的理由，搪塞著自己的過失，終不會得到成功的眷顧。

人在年輕的時候總想著要改變社會，成年以後就想改變家人，當生命即將結束的時候，才發現，他誰也改變不了，唯一能改變的人就是自己。

8 要學會遺忘

上天賜給我們很多寶貴的禮物，其中之一即是「遺忘」。只是我們過度強調「記憶」的好處，卻反而忽略「遺忘」的功能與必要性。

例如：失戀了，總不能一直陷入在憂鬱與消沉的情境裏，必須盡快遺忘；股票失利，損失了不少金錢，當然心情苦悶提不起精神。此時，也只有嘗試著遺忘；期待已久的職位升遷，人事令發布後竟然不是你！情緒之低落可想而知。解決之道無它—只有勉強自己遺忘。可見，「遺忘」在生活中有多麼重要！

然而想要遺忘，卻不是想像中那麼容易，遺忘是需要時間的。只不過，如果你連想要遺忘的意願都沒有，那麼時間再長也無濟於事。

一般人往往很容易遺忘歡樂的時光，但對於哀愁的經歷卻經常憶起，這是對遺忘哀愁的一種抗拒。換言之，人們習慣於淡忘生命中美好的一切，但對於痛苦的記憶，卻總是銘記在心。為什麼呢？難道我們真的如此笨拙？

不，當然不是！關鍵在於我們的「執著」。我們很少靜下心來檢示自己已有的或曾經擁有的，而總是看到或想到自己失去的或沒有的。

的確，我們現在的人，好像個個都太精明了。無論是待人或處事，很少檢討自己的缺點，總是記得對方的不是以及自己的需求。其實到頭來，還是很少如願；因為，每個人的心態正彼此相剋。

反之，如果這個社會中的每個人，都能夠試圖將對方的不是，以及自己的需求儘量遺忘，多多檢討自己並改善自己，那麼，彼此之間會產生良性的互補作用，這也才是我們所樂意見到的。

相信，每一個人都希望重新見到過去那種不那麼功利的社會。這必須大家都肯放下身段，一起來學習遺忘─遺忘那些該遺忘的人、事、物。

9 擁抱磨難，感謝挫折

挫折會使人受到打擊，給人帶來損失和痛苦，但挫折也可能給人激勵，讓人警覺、成熟，把人鍛鍊的更加堅強。挫折既能折磨人，也能考驗人、教育人，使人學到許多終生受益的東西。德國詩人歌德說：「挫折是通往真理的橋樑。」挫折面前沒有救世主，只有自己才是命運的主人。只要我們把命運牢牢的掌握在自己手中，就會歷經挫折而更加成熟和堅強，從而更有信心獲得勝利和成功。

有人把挫折比做一塊磨刀石，我們的生命只有經歷了它的打磨，才能閃耀出奪目的光芒。經歷了挫折的成長更有意義，挫折其實是一筆財富。多少次艱辛的摸索，多少次含淚的跌倒與爬起，都如同花開花落一般，為我們今後的人生道路做好了鋪墊。成長的過程好比在沙灘上行走，一排排歪歪曲曲的腳印，記錄著我們成長的足跡，只有經受了挫折，我們的雙腿才會更加有力，人生的足跡才能更加堅實。

在挫折面前，我們最先需要的就是平常心。不要浪費時間去為已經無法改變的事情擔憂，因為憂愁對事情毫無幫助，分析眼前的情況並尋求解決的辦法更加重要。而且任何事情都不是一成不變的，而是隨著時間的推移在不斷的發生變化，明白這一點，你就會樂觀起來。

不妨嘗試按照下面敘述的過程，去從容的應付每一次失敗，每一個挫折。

首先，要卸掉思想的包袱。一個人無法永遠控制情勢，但是可以選擇面對困境的態度。不管你做得有多麼的糟糕，都要知道挫折是任何人都無法避免的，這個認識有助於你正確的去理解和面對挫折。

很多人往往自己先把自己的精神給壓垮了，想像中的問題，永遠比真實存在的問題嚴重得多。好的心態是解決一切問題最重要的前提，有什麼樣的思想，就會有什麼樣的行為。而積極的心態和認識，正是積極的行為的前提。

其次，要重視挫折，及時檢討經驗，想出更好的改進辦法。知道下一次怎麼樣可以做得更好一點，然後把這個教訓牢牢的記在心中，並且永遠不要在同一個地方摔倒兩次。教訓是挫折所能給人的最大的教益，或者說，經驗也是由累積而來的。如果必要的話，你還要把這個教訓用一本筆記本記下來，並時常溫習，因為人是很容易「好了傷疤忘了疼」的。只要你耐心地去反省，不斷的去找出改進的方法，你就會變得越來越成熟，越來越聰明，越來越有職業和人生的經驗，而且越來越少的犯不必要的錯誤。

再來，要勇敢的去承擔後果，同時還要原諒自己。新的機會每天都在出現，但是，沒有什麼比揹著沉重的精神包袱，更能傷害一個人的健康和意志了，而一個人如果不能勇敢的面對問題，也就無法原諒自己，他就永遠活在過去，而無法去面對明天和未來。比起昨天的挫折和失敗，更加重要的是接下來你的所做所為，因為這才是決定明天你會收穫什麼。

接下來用最快的速度行動起來，全力以赴的去做下一件事情。行動，是擺脫沮喪最好的辦法。哪怕是最微不足道的行動都是治療心理創傷最好的辦法，情緒無法被理智說服，但卻往往被行動改變，這是人類最奇妙的現象之一。即便你只是收拾了一下家務，做了一頓美味的飯菜，出去散散步，在大自然中運動了一會兒，都會使你的狀況和心情有所改觀，而這份小小的成就感，可以重新幫助你找回自信。

第四章

把心放寬，給生命多點空間

寬容別人，也就是寬容我們自己。把心放寬，就能使我們生命中多了一點空間。就會少一點抱怨，多一點溫暖和陽光。

1 寬容的真諦

什麼是寬容？詞典上說：寬容就是寬大有氣量，不計較或追究。意思是說，對別人的傷害不計較和追究。而從《大英百科全書》見到的「寬容」一詞的出處和原本的解釋發現，中國人對寬容一詞的理解和解釋，比西方卻不寬容了許多。《大英百科全書》上寫道：「寬容：容許別人有行動和判斷的自由，對不同於自己或傳統觀點的見解能耐心公正的容忍。」

寬容的確是一種美德。不妨讓我們來看兩個例子：公車上人多，一位女士無意間踩了一位男士的腳，便趕緊紅著臉道歉說：「對不起，踩到您了。」不料男士笑了笑說：「不，不，應該由我來說對不起，我的腳長得也太不苗條了。」哄的一聲，車廂裏立刻響起了一片笑聲，顯然，這是對優雅風趣的男士的讚美。而且身臨其境的人們也不會懷疑，這寬容將會給女士留下一個永遠難忘的美好印象。

一位女士不小心摔倒在一家鋪著木地板的商店裏，手中的奶油蛋糕弄髒了商店的地板，便尷尬地看著老闆，不料老闆卻說：「真對不起，我代表我們的地板向您致歉，它太喜歡吃您的蛋糕了！」於是女士笑了，笑得燦爛。而且，既然老闆的熱心打動了她，她也就立刻下決心「投桃報李」，買了好幾樣東西後才離開了這家店。

是的，這就是寬容，它甜美、它溫馨、它親切、它明亮、它是陽光，誰又能拒絕呢！

丘吉爾在第二次世界大戰結束後不久的一次大選中落選了，他是個名揚四海的政治家，對於他來說，落選當然是件很狼狽的事，但他卻非常坦然。當時，他正在自家的游泳池裏游泳，是秘書氣喘吁吁地跑來告訴他：「不好了！丘吉爾先生，您落選了！」不料丘吉爾卻笑著說：「好極了！這說明我們勝利了！我們追求的就是民主，民主勝利了，難道不值得慶賀？朋友勞駕您把毛巾遞給我，我該上來了！」

真佩服丘吉爾，那麼從容，那麼理智，只一段話就成功的展現了一種豁達大度寬厚的大政治家的風範！

有一首詩是這樣描述寬容：

寬容是一種境界，寬容是一種灑脫，寬容是一種胸懷，寬容是一種美德，寬以待人是一種寬容，海納百川是一種寬容，壁立千仞是一種寬容，以德報怨是一種寬容，寬容是克服困難的潤滑劑，寬容是獲得成功的墊腳石，寬容是擁有幸福的通行證，寬容是走向未來的金招牌。土地寬容了種子而擁有了收穫，大海寬容了江河而擁有了浩瀚，天空寬容了雲霞而擁有了神采，人生寬容了遺憾而擁有了輝煌。寬容能鬆弛別人，寬容能撫慰自己，寬容能讓你隨和，寬容能讓你豁達，寬容會讓你博愛，寬容會讓你忘記嫉妒，寬容會讓你放棄仇恨，寬容會讓你丟掉猜疑，寬容會讓你淡薄名利。有了寬容，再大的不快樂，都不會在記憶之港停泊；有了寬容，再激烈的衝突，都不會在心靈之夜駐足。於是，每個清晨你都會在希望中醒來，一旦學會寬容，將終生收穫笑容！

是啊，寬容能帶給我們無盡的力量和收穫。德謨克里特曾經說過這樣一段話：「和自己的心進行鬥爭是很難堪的，但這種勝利則代表著這是深思熟慮的人。」我們應該學會寬容別人，寬容別人的同時也是在寬容你自己；學會善待別人，善待別人的同時也是在善待你自己。

寬容他人是心胸豁達的表現，是一種非凡的氣度，是對人對事的包容與接納。有了這種氣度、這種胸懷，就會海納百川、包容萬物。當你用寬容的眼光去看待一件事情時，你會發現它能豐富你的經歷。對的，是踏向將來的基石；錯的，是未來的鏡子。這種經歷對人生來說，就是一筆特殊的財富。

2 不寬恕別人就是不放過自己

在生活中有這樣一種現象，即人在受到傷害的時候，最容易產生兩種不同的反應：一種是憎恨，一種是寬恕。憎恨的情緒使人浸泡在痛苦的深淵裏，反覆抱怨對方的不是，結果把自己的心情越弄越糟。如果憎恨的情緒持續在內心發酵，可能會使生活逐漸失去秩序，行為越來越極端，最後一發不可收拾。而寬恕就不同了，懂得寬恕的人能夠積極地去思考如何原諒對方。很多時候，我們之所以很難寬恕他人，是因為我們都認為，每個人都應該為自己所犯的錯誤付出代價，這樣才符合公平正義的原則，否則豈不便宜了犯錯的一方？但是不寬恕會產生什麼結果或副作用呢？例如：痛苦、埋怨、憎惡、報復等，這些結果值不值得再承受，恐怕才是更重要的一個問題。

寬恕也是一種能力，一種停止讓傷害繼續擴大的能力。沒有這種能力的人，往往需要承擔因為報復所產生的風險，而這風險往往難以預料。

很多不愉快的記憶使我們不能從被傷害的陰影中平安歸來，痛苦總是如影隨形，我們也就不能放鬆與平靜了。所謂沒完沒了，除了不能釋放對方，也可能使自己成為一名心靈被俘虜的囚犯。

一位名人曾說：「也許在很久以前，有人傷害了你，而你卻忘不了那件不愉快的往事，到現在還痛苦不堪，那就表示你還繼續在接受那個傷害。其實你是很無辜的，你要瞭解到，你並不是世界上唯一有這種經歷的人。趕快忘掉這不愉快的記憶，只有寬恕才能釋放你自己，讓你鬆一口氣。」

曾經有三位前美軍士兵站在華盛頓的越戰紀念碑前，其中一個問說：「你已經寬恕了那些抓你做俘虜的人嗎？」第二個士兵回答說：「我永遠不會寬恕他們。」第三個士兵評論說：「這樣，你仍然是一個囚徒！」

顯然，那位士兵心中有獄，什麼獄？心獄。囚的是誰？自己。自己把自己囚在自己的心獄裏而不能自拔。這實際上是說，不寬恕別人就是不放過自己。

所以，我們一定要學會寬恕，因為寬恕是做人的美德。在生活中懂得寬恕的人是一個有智慧的人，因為能減輕誤會和仇恨，於是就能避免一些衝突和不愉快的事情發生。

社會上很多的悲劇都是因為人與人之間不能容忍而發生的。不能容忍實際上是和愚味同一意義，而且這種愚昧是野蠻人和暴徒的愚昧，因為他們對世間的事物認識不清，由隔閡而誤會，由誤會而發怒，他們不能容忍別人，事事斤斤計較，甚至做出愚蠢和殘忍的事情。

能夠以寬容的胸懷去接納傷害過自己的人，這對你來說肯定不容易做到，要想做到這一點，你必須擁有高尚的情懷和善良的心靈。但你也不必擔心自己做不到，因為這個世界上有許多寬容、豁達的人們，他們是我們的榜樣，這個世界才到處充滿了溫暖與陽光、友愛與和平、人性與活下去的信心！

在現實生活中，寬容對你是有很大益處的。不論是什麼人，在得到你的寬容後，他們都會對你心存感激和敬重的。因此，你的影響力、親和力就會得到很大的提高，而如果一味仇恨，那麼在仇恨中開出的花朵會結出仇恨的果實，所以選擇寬容，我們的人生之路也就會更寬廣。

3 原諒自己的錯誤

當我們碰到人生的波折時，寬恕自己，才能把犯錯與自責的逆風，化為成功的推動力。

如果仔細觀察你的周圍，你就會發現，在我們寧靜的生活中，大多數的人都是親切的，富有愛心的，也很寬容的。如果你犯了錯，而且真誠的要求他人寬恕時，絕大多數的人不僅會原諒你，而且他們也會把此事忘得一乾二淨，使你再次面對他們時一點愧疚感也沒有。

可貴的是，我們這種親切的態度對所有人都一樣，沒有什麼人種、地域、民族的區別，但就只對一個人例外。誰？沒錯，就是我們自己。

也許你會懷疑：人類不都是自私的嗎？怎麼可能嚴以律己，寬以待人？是的，人總是會很容易原諒自己，不過，這只是表面上的饒恕而已，如果不這麼自我安慰的話，如何去面對他人？但在深層的思維裹，一定會反覆的自責：「為什麼我會那麼笨？當時要是細心一點就好了。」或是：「我真該死，這樣的錯怎能讓它發生？」

如果你還不相信，請你想想自己有沒有犯過嚴重的錯誤，如果想得出來的話，那你一定有過耿耿於懷，並沒真正忘了它。表面上你是原諒了自己，實際上你是將自責收進了潛意識裏。

我們可以對他人這麼寬大，難道就沒有資格獲得對待自己的這種仁慈嗎？沒錯，我們是犯了錯。但除了上帝之外，誰能無過？犯了錯只表示我們是人，不代表就該承受如下地獄般的折磨。我們唯一能做的只是正視這種錯誤的存在，在錯誤中學習，以確保未來不會發生同樣的憾事。接下來就應該獲得絕對的寬恕，再下來就應該把它忘了，繼續往前走。

人的一生是在不斷的犯錯誤，如果對每一次錯誤都深深的自責，那麼一輩子都將揹著一大袋的罪惡感過生活，你還能奢望自己可以走多遠？

犯錯對任何人而言，都不是一件愉快的事情，一個人遭受打擊的時候，難免會格外消沉。在那一段灰色的日子裏，你會覺得自己就像失敗的拳擊選手，被那重重的一拳擊倒在地上，頭昏眼花、滿耳都是觀眾的嘲笑和那失敗的感覺。在那時候，你會覺得簡直不想爬起來了，覺得你已經沒有力氣爬起來！可是，你會爬起來的。不管是在裁判數到十之前，還是之後。而且，你還會慢慢恢復體力，平復創傷，你的眼睛會再度張開，看見光明的前途。你會淡忘掉觀眾的嘲笑和失敗的恥辱，你會為自己找一條合適的路──不要再去做挨拳頭的選手。

瑪麗・科萊利說：「如果我是塊泥土，那麼我這塊泥土，也要預備給勇敢的人來踐踏。」如果在表情和言行上時時顯露著卑微，每件事情上都不信任自己、不尊重自己，那麼這種人也將得不到別人的尊重。

4 放寬心，別和自己過不去

生活中有這樣一種人，他們對自己的要求很嚴格，或是希望所有美好的事情都發生在自己身上，一旦遭遇不如意，便抱怨、沮喪、焦慮、自我否定或是自我譴責。

小王是某公司的一名員工，整天多愁善感，遇到一點挫折就垂頭喪氣，總是怪自己太笨了。有時候確實是工作難度大了，有時候確實是事出有因，有時候是他對自己的要求太高了，可是他卻不去考慮各方面的因素，只要一遇到不順心的事，他就埋怨自己。剛開始朋友還會去勸他，可是一直這樣，弄得大家也都沒有了好心情和耐性，乾脆都不去理會他的自責和不高興。久而久之，他就感覺被人冷落了，甚至抑鬱生病……

其實，生活中總是難免有煩惱，有時人生的煩惱，不在於自己獲得多少，擁有多少，而是自己想得到的更多。

有時因為想得到的太多，而自己的能力卻難以達到，所以便感到失望與不滿，然後就自己折磨自己，說自己太笨、不爭氣等等，就這樣經常自己和自己過不去，小王就是一個這樣的典型，他無法寬容自己，所以煩惱就比別人多。

人總有不順心、不如意的時候，其實外在不是真正能主宰你的因素，真正能決定結果的是你自己。

比如你害怕別人說你胖，你千萬次的看過自己後，決定節食減肥。面對餐桌上的諸多美食，你只能是閉著眼睛吞口水，忍受著饑餓的折磨。實在沒辦法時，只能是在美食面前選擇逃避！幾天後，身體可能是苗條了，聽到了別人的讚美，可是只有自己最清楚，體質已經下降了！一個人的快樂，不是因為他擁有的多，而是因為他計較的少！

人這一輩子不可能總是春風得意、一帆風順，肯定會有許許多多不如意的事，說不定哪一天生活就會跟你開一個不大不小的玩笑，使你結結實實的撞上無情的「紅燈」，或事業失敗，或愛情失意等。這時候就得想開點，平淡的面對生活，多勸勸自己，千萬別跟自己過不去。

如果你想不開，吃不下，睡不著，又有什麼用呢！過多的煩惱和壓力只會將你的心靈擠壓的支離破碎。而且人體的各種器官在心情煩惱或怒火中燒的情況下會處於緊張狀態，往往會引起失眠、神經衰弱等。若是長期處於憂鬱狀態，還會誘發其他心理疾病。

其實，靜下心來仔細想想，生活中的許多事情，並不是因為你的能力不夠，恰恰是因為你的願望不切實際。要知道一個能力超強的人也並非具有做任何事情的才能，這樣想時才不會強求自己去做一些能力做不到的事情。

在生活中，我們應該時常肯定自己，努力做好我們能夠做好的事情，剩下的就交給老天吧！只要盡力而為，心中也就坦然了，即便在生命結束的時候，也能問心無愧的說：「我已經盡了自己最大的努力，我是無愧於心的。」

生活是多姿多彩的，活著就是要品嘗生活的百味，所以，不要鑽牛角尖，自己和自己過不去。

如果你覺得不開心，那就學會自己去尋找生活中的快樂。其實獲得快樂的方式也很簡單，比如早晨醒來睜開眼睛看著天花板，你可以用快樂的心去感受那純淨的白色；上午在窗前讀一本文采飛揚的書，你可以用快樂的心去體會書中的感動；下午坐在搖椅上呼吸、冥想，你可以用快樂的心去觸摸太陽的溫暖；晚上給家人煮一鍋又鮮又香的排骨湯，你可以享受到付出的快樂。

每個人活在世上都會遇到各式各樣的事情，或喜或憂，或成功或失敗，我們無從選擇。但我們可以做到寬容自己，不對自己提過高的要求，這樣就能夠調整好自己的情緒，從而獲得身心健康。

5 心胸寬廣就會遠離嫉妒

對於別人的嫉妒，實際上是對自己的一種懲罰。因為你看見別人比你好的時候，心裏自然的就會生氣，所以對別人的嫉妒實際上也是對自己的一種變相的懲罰。例如，有人看見別人日子過的比自己好，便說人家的錢來路不明；有人見別人打扮的漂亮一些，便不由得在心裏罵一句「臭美」。這些表現就是一種典型的嫉妒心理在作怪。這樣做完全對別人沒有一絲損傷，反而使自己弄的一肚子氣，這又是何必呢？倒不如把心放寬，調整一下自己的心態，從另一個角度來看問題，也許就是另一番景象了。

有一個婦女長的不是很漂亮，她的一位女同事長的漂亮而且還喜愛打扮。因此引起了她的極為不滿，在心底裏對那個女同事瞧不上眼，嫉妒心十足。

有一次，在和那位女同事的交談中，這位婦女才知道對方的家庭十分的不幸。就是因為這不幸，所以她才堅持每天化妝，化妝可以改變她沮喪的心情，讓她從不幸的家庭走進一個溫暖如春的公司。這時，這位婦女發現自己雖然不漂亮，但家庭生活卻十分和諧。也許是由於心理上有了某種平衡，她倒有幾分同情那個同事。同時，她也明白了，自己以前看人家不順眼，實際上是對人家有偏見，是自己的一種不健康心理在起作用，完全是由於嫉妒。故事講到這裡，我們就可以看出這位婦女看問題的角度由嫉妒轉化為同情；角度發生了變化，所以，嫉妒也就隨著轉化消失了。

一個心胸寬廣的人，是不會嫉妒別人的。要使自己有一個比較開闊的心胸，必須不斷加強自身修養，使自己從經常產生嫉妒的心理中解脫出來。要多向身邊那些性情開朗、心胸開闊的人學習，要不斷的在心裏告誡自己，不能學小心眼，並要在生活實際中不斷對自己的心胸做測驗。有一個人自知他經常出現嫉妒心理，便向一位個性情開朗的朋友多次求教有什麼方法可以克服嫉妒，那個朋友說，辦法十分簡單，只要你不去計較，便立即見效。這個人一想，的確是那麼回事，後來，他凡是碰上對別人心生不滿的時候，便想想朋友的話，自己就不會嫉妒別人了。

同為「脫口秀」節目主持人，歐普拉是明星，康納卻只是個陪襯，但他們看重並欣賞對方的優點，能以平常心態看待各自不同的優勢與短處。「我認為沒有人能像歐普拉那樣把節目做得那麼好，包括我自己，所以我並沒有競爭的感覺。」「當你身處公眾包圍之中時，你需要一個能讓你信賴的朋友。康納是我自己的一面鏡子，從鏡子裏我會看到，當生活變得簡單，沒有那麼多外在的壓力影響我的時候，我內心的狀態是什麼樣的。」歐普拉說道。當歐普拉想把朋友帶入自己前途遠大的事業中時，遭到事業剛起步的康納拒絕。不過最終康納接受為歐普拉一個最新刊物的責任主編。友誼和競爭是無法輕易融合的，小人物康納面對大明星般的朋友，他聰明而又努力的從多種方面尋找到一個平衡點。

其實在各種職業中，友誼與對抗都同時存在。工作讓人們結交到許多朋友，像近鄰一樣每日相處。但在工作中找到能夠與之共享秘密，而不會對自己評論監督的朋友可能是一種冒險。如何將親密的友誼與工作關係區分開來？可以略微降低友誼的親密程度，或者學著如何在競爭中以減少「個性」來面對輸贏。康納有很健康的心態，也迴避朋友多次在事業上的拉攏，獨立並努力的做好自己的工作，並以樂觀向上的人格魅力，贏得歐普拉的欣賞和尊敬。

總之，嫉妒是一種不健康的心理，如果你想改變它，就要學會調整自己的心態，不斷開闊自己的心胸，用自己那顆寬容的心淨化那些附著在人心靈上的污垢吧！

6 不要盲目猜疑

猜疑是基於一種對他人不信任的、不符合事實的主觀想像。人與人之間常有的爭執、吵鬧、誤會乃至過去很多的冤假錯案，幾乎都是因為猜疑而起。猜疑心嚴重的人內心非常敏感、脆弱和狹隘。

具有猜疑心理的人會因為一些可能根本沒有，或不會發生的事而憂愁煩惱、鬱鬱寡歡；因內心狹隘而不能好好的與別人交流，變得孤獨寂寞。因此，猜疑是內耗的禍根，是危害心理健康的殺手。

具有猜疑心理的人與別人交往時，往往抓住一些不能反映本質的現象，發揮自己的主觀想像進行猜疑而產生對別人的誤解，或者在交往之前對某人有某種印象，在交往之中就處處用這種成見效應與對方接觸，對方一有舉動就對原有成見加以印證。雖然猜疑心理有種種表現，但我們可以發現其共同的特徵，即沒有事實根據，單憑自己主觀的想像；抓住「毛皮」，忽略本質，片面推測；不懷疑自己的判斷，只相信自己，懷疑他人，挑剔他人。

英國哲學家培根是這樣告誡人們：「心思中的猜疑有如蝙蝠，牠們永遠是在黃昏裏飛的……這種心理使人精神迷惘，疏遠朋友，而且也擾亂事物，使之不能順利有恒。」古詩云：「長相知，不相疑。」意思是說，彼此要深切瞭解，才不會彼此猜疑。與人交往要不相疑，就必須長相知，「讓一個靈魂孕育在兩個軀體裏」，努力改變有礙於與人交流的癖性。

猜疑是一種十分不負責任的心態，也是一種不信任他人的心理，更是和睦人際關係的一大禍害。多一分猜疑，人際之間就少一分誠意，多一分庸俗的煩惱和無聊的憂愁，給了別有用心的人多一分可乘之機。互相猜疑會使團體渙散，人心各異，影響學習，影響生活。無端的互相猜疑，會使人與人之間產生隔閡與矛盾，難免傷感情，結芥蒂；好朋友之間也會因此反目，產生怨恨。

一個人如果過分猜疑，而又不知醒悟，很可能就會釀成大禍。因猜疑這一人性弱點釀成的悲劇，古往今來，舉不勝舉。如奧瑟羅錯殺貞潔的妻子，吳王賜死忠誠的伍子胥等等。中國古代三十六計中的反間計，便是抓住人性中喜好猜疑的弱點而設計的，其結果是加速自身的毀滅。對現代人而言，猜疑不僅會導致人際關係緊張，無端傷害他人的感情，而且還會使猜疑者本人加重心理負擔。嚴重的猜疑心還會導致心因性狂想症，那便是一種病態心理了。

從心理學角度分析，猜疑心理產生的原因是「自我安全感的缺乏」，即是由於個人缺乏自信及對他人缺乏信任而造成。產生一些猜疑的心理體驗是正常現象，不必過分擔心，重要的是如何克服它，不使它蔓延滋生，以免造成更大的傷害。

學會冷靜的思考與分析問題。好疑者往往靠感覺來評判事情，喜歡感情用事，在缺乏客觀依據的情況下，不經理智思考與分析便妄下定論。這種缺乏事實根據的主觀臆想往往會使人產生一些錯誤的結論，別人對自己微笑認為是在向自己示威，別人對自己冷淡則認為是對自己表示輕蔑。而事實上，問題不在別人，是自己由於沒有冷靜思考問題而產生的自我困擾，所謂「差之毫厘，謬以千里」，因此，遇到事情一定要冷靜觀察，認真分析與思考，才可避免空穴來風的猜疑心理。

要克服猜疑這一不良心理還是要靠自己，通常一個人產生消極情緒與他自己的觀念、思考問題的方式與角度有關，所謂理智即用合理的觀念與思維方式來解釋現實生活中遇到的各種問題。如別人在路上沒和自己打招呼，可以告訴自己對方可能是有急事或沒看見自己，而不是義憤填膺的認為對方對自己有意見。學會用理智的觀念與思維方式來對待生活中的每一件事，便可避免或減少如猜疑等不良情緒的產生。

增強自信，避免消極暗示也是避免猜疑的方法。喜歡猜疑的人通常是那些對他人持有強烈的敵意、戒備、不願相信別人的人，歸根究底則是個人對自己的信心不足，有潛意識的自卑傾向造成的。因為自卑而特別敏感，因為敏感而特別多疑。《紅樓夢》中林黛玉的多疑正是由於常年寄人籬下，自卑加自尊混合的心理所引起的。因此，一個人只有相信自己的能力，對自己有信心，不要太在意別人的評價，才能真正告別猜疑心理。

做人要擁有開闊的心胸，「心底無私天地寬」，對於別人的議論，你如果抱持著「有則改之，無則加勉」的心態，正確而心平氣和的對待別人善意或惡意的批評，不在乎別人指指點點，自然也就不會產生那些毫無意義的猜疑了。

7 心寬才能圓融

常在寺廟中見到一尊佛像，但這尊佛像與其他的佛像有很大的區別。他光著大肚子坐臥於地，咧嘴露牙的捧腹大笑，看起來特別具有親和力及喜悅感。他便是「大肚能容，了卻人間多少事；滿腔歡喜，笑開天下古今愁」的彌勒佛。

彌勒佛之所以令人敬服的特質，就在於他的「豁達大度」。一件事有許多角度，有好的一面，也就有壞的一面；有樂觀的一面，也就有悲觀的一面。就好比一個碗缺了個角，乍看之下好像不能再用，若肯換個角度來看，你將發現，那個碗的其他地方都是好的，還是可以用的。若凡事皆能往好的、樂觀的方向看，必將會希望無窮；反之，一味的往壞的、悲觀的方向看，一定是興致索然。

凡事往好的方面想，自然會心胸寬大，也較能容納別人的意見。寬大的心胸，不但可以使人從另一個角度去看事情，更能使自己過著悠然自得的日子。有一回，釋迦摩尼的一位大弟子被一位婆羅門侮辱，但他對於婆羅門的辱罵只是充耳不聞，未予理會。因為他知道，一個會以辱罵別人來凸顯自己的人，在個人的修養和品行上都有問題。婆羅門見到他無端被自己辱罵，不但沒有生氣，而且微笑的答辯，真不愧是聖者，終於自知理虧的離開了。這便是豁達，也就是佛家所謂的圓融。

豁達一些，也要大度一些。就拿鞋子來說吧，我們買鞋子都知道要多預留一點空間，否則穿久了，會因腳和鞋子摩擦的太厲害而起水泡，甚至磨破皮，以致痛苦難忍。

我們都有過這樣經驗，就是盛怒之後，再反省便會發現：我們當時也可以不必那麼憤怒的，其實事情也不是那麼嚴重，不知道對方現在的感受如何？但當遇到那種使人憤怒的情景時，往往會按捺不住怒火。於是，我們必須透過日常生活不斷的磨練自己，使自己擁有化解、疏導憤怒的智慧和能力。由於我們不是頓悟的聖者，便只有靠著「時時勤拂拭，勿使惹塵埃」的功夫，使自己達到能忍辱、能容人的境界。是的，希望我們都能在生命之河的洗練中，慢慢磨去我們不知足的壞習性，使我們也能邁向圓融的人生。

8 遠離「貪、嗔、癡」

我們可能不知道怎樣去寬恕別人和寬恕自己，甚至根本不希望有寬恕，或不知道可以寬恕。事實上，寬恕他人、寬恕自己，都是必須的。人誰無錯？連聖人都會有錯，何況是普通人呢？寬恕是給別人機會，同時也是給自己機會。

佛家有「貪、嗔、癡」的說法，叫做「三毒」。種種不好的事情，都由這「三毒」發展而成，你仔細想一想就會證實佛家說的一點都沒錯。生意失敗、損失金錢，往往由貪慾而來；做錯選擇、找錯對象、交錯朋友、做錯事情，往往由愚癡而來；破壞、犯罪，往往由嗔恨而來。人的所有過錯，都離不了貪、嗔、癡三種原因。

這三種毒，每犯一次就要吃一次虧。不原諒別人，犯的正是嗔毒；這種毒，在刺傷別人以後，往往要反過來刺傷自己。我們每一個人，都應該知道寬恕別人的重要性。在我們還沒有能做到完全寬恕別人的時候，不妨先閉上雙眼，然後想想該怎樣懲罰那個最令人難以寬恕的人。要怎樣才會寬恕他？是不是要他受苦，你才能寬恕他？如果是，你可以想像他正在受苦，受種種的苦；想像完了以後，你不禁會對他產生憐憫心，會寬宏大量的饒恕他，不再想報復，這樣，報復心就完全消除了。

做這樣的假想也只能偶爾一次，不能每天都做，否則就達不到消除報復心這樣的效果。有一些人，很難做到完全寬恕別人，他也許能寬恕別人一會兒，過後，他又想起別人的不是，再也不寬恕了。

然後你可以在心中反覆告訴自己，你是一個寬宏大量的人，你不會為了小人與小事生氣。重複這樣多念幾遍，一直念到你心無罣礙，氣定神閒。

9 一顆心流血，一顆心寬容

詩人紀伯倫說：「一個偉大的人有兩顆心：一顆心流血，一顆心寬容。」寬容賦予人們崇高的品德，巨大的人格力量和深厚的涵養，使他們能以寬廣的胸懷容納世事，在達觀與協和的人生中走得更穩健。這些，都顯示著寬容而又堅韌的力量。

人生要懂得寬容，因為寬容是治療人生不如意的特效藥。我們在面對一些無法改變的現狀和不可補救的事情時，與其斤斤計較，尖酸刻薄，痛苦悲傷，怨天尤人，不如一笑置之，來點寬容和幽默。寬容自己的局限，寬容別人的偏見，寬容父母的嘮叨、丈夫的懶散、孩子的頑皮、朋友的欺騙，將生活過得輕鬆愜意，讓胸襟自然豁達。

寬容是對付人生苦難的手段，是為享受生命樂趣服務的。擁有寬容豁達境界的人，將擁有更多的享受生命快樂的情趣。但願我們這些宇宙中的匆匆過客，擁有像大海一樣寬闊的心胸。以豁達的人生態度，寬容的人生視角，健康的心理狀態，將平凡的日子過得更美好些，讓生命染上更多的綠色。

一個美國家庭在異國的公路上開車行駛，準備去他們嚮往已久的旅遊勝地。不料，突然一輛快速行駛的車輛超過了他們，車窗打開，一支槍開始瘋狂地掃射，他們的兒子不幸中彈並且當場死亡。按理說，夫妻倆應該恨透了這個國家，因為這個地方奪去了他們心愛的兒子的生命。然而他們卻在極大的悲傷中，毅然的將兒子的器官捐獻給了這個國家，因此挽救了這個國家五個年輕人的生命。

寬容是一種博大，它能容忍世間的喜怒哀樂；寬容是一種境界，它能使人躍上大方磊落的台階。只有寬容才能癒合不愉快的創傷，只有寬容才能消除人為的緊張。人的煩惱很多來自於自己對自己所做的事的後悔，有時別人對你的錯誤並不在意，或者已經原諒了你，但你還是不放過自己，一直陷入無謂的自責之中。這是何苦呢？別人原諒你又有什麼用呢？寬容的對待自己就是心平氣和的工作、生活。不過在我們寬容對待自己的時候，也應該反省自己，對自己的錯誤加以改正，不要在寬容自己的同時再犯同樣的錯誤。

時光是金，那麼寬容就是時間的沙漏中輕輕沉澱的細沙，積聚了那些曾經的傷痛與深深的思索，於是將苦澀的回憶與一切仇怨掩埋，換回了靈魂的解放，這是無價的。

寬容就像浩瀚汪洋中的一塊綠洲，無需廣大，卻足以令迷途的航人雙眼充滿了感動的熱淚；使他懊悔自己曾經的貪婪或是魯莽，倍加珍惜他的生命，正確而心存感謝地面對人生。

寬容別人的人，他心中必定是愉悅的；被別人寬容的人，他的心中必定綻放的是感激。

10 靜坐常思己過

「靜坐常思己過，閒談莫論人非。」這句話雖然聽起來未免有些八股，可是，仔細想想，它卻有很值得我們遵行的地方。

「靜坐常思己過」，是一種反省的功夫。我們假如能在靜下來的時候，想到自己在做事或待人方面有疏忽有虧欠的地方，自然就減少了對別人抱怨嫉恨或報復的心情；也同時由於明白了自己的過失而得到一些警惕，以後將不致再犯同樣的過錯。這是前人勸我們「靜坐常思己過」的真正意義。

如果你能做到每天反省三分鐘，相信將會受益匪淺。

為什麼要反省？每個人都不是完美，總有個性上的缺陷、智慧上的不足。年輕人缺乏社會閱歷，常會說錯話、做錯事、得罪人。你所做的一切，有時候別人會提醒你，但絕大部分人是看到你做錯事、說錯話、得罪人時都不會說，因此你必須透過反省的方法去瞭解自己的所做所為。

反省些什麼呢？反省那些對你成長中有用的事吧！

人際關係是你成長中的大事。反省今天你有沒有做了不利於人際關係的事，對某人說的那一句話是否得體，某人對我不友善是怎麼一回事。

方法比努力更重要。反省今天所做的事，是否有不適當之處，怎樣做才會更好。

你進步是成長中必不可少的。反省到目前為止我做的事使自己有無進步，時間有無浪費，目標完成了多少。

反省的好處則在於可以修正自己的作為和方向，可以修正作為來使自己進步。

反省是自我認識水平進步的動力。反省是對自我的言行進行客觀的評價，認識自我存在的問題，修正偏離的行進路線。

反省的目的在於建立一種監督自我的反饋機制。透過這種機制，我們可以及時知道自己的不足，及時糾正不當的人生態度。良好的反省機制是自我心靈中的一種自動清潔系統，或自動糾偏系統，反省是砥礪自我人品的最好磨石，它能使你的想像力更敏銳，它能使你真正認識自我。

孟子曰：「吾日三省吾身。」這是聖賢的修身功夫，凡人不容易做到，但時時提醒自己，檢視一下自己的言行卻不是太難的事。一個人一旦有了不當的觀念，或做了對不起人的事，可能瞞過任何人，但絕對騙不了自己。

人之所以會做對不起別人的事，不僅僅是外界的誘惑太大，更多的是自己的慾念太強，理智屈就於本能衝動。一個常常做自我反省的人，不僅能增強自己的理智感，而且必定知道什麼是自己該做的，什麼是自己不該做的。

我們要從這樣幾個方面認識反省、看待反省。

(1)正視人性的弱點，認識反省自我的必要性。毋庸置疑，人的通病都是「長於責人，拙於責己」，或以「自我為中心」。反省要求的是「反求諸己」，而不是找他人的不是。反省是一面心境，透過它可以洞觀自己的心垢。自我就像眼睛一樣可以盡情的看外面的世界，卻無法看到自己。反省機制的建立將徹底改變這一局限，說反省難就難在你願不願意去看到心垢，有沒有勇氣去洗刷它。

(2)反省是認識自我、發展自我、完善自我，和實現自我價值的最佳方法。成功學專家羅賓認為：我們不妨在每天結束時，好好問問自己下面的問題：今天我到底學到些什麼？我有什麼樣的改進？我是否對所做的一切感到滿意？如果你每天都能改進自己的能力並且過得很快樂，必然能夠獲得意想不到的豐富人生。真誠地面對這些提出的問題就是反省，其目的就是要不斷的突破自我的局限，省察自己，開創成功的人生。

(3) 反省的內容就是時時捫心自問自己的言行，這是鄭重的人生之問。每天進行心靈盤點，有益於及時知道自己近期的得與失，思考今後改進的策略。

(4) 反省的立足點和取向主要是針對自己，省悟自身的不是。這不僅是自身素質不斷完善的手法，而且是融洽人際關係的法寶。

先問自己付出多少，再問人家給了多少等等，都是很好的反省方法。若我們能時時這樣去反省，就能使自己心平氣和，善結人緣，力求進取，開創光輝的人生。

反省的方式可以靈活多樣，至於反省的方法，有人寫日記，有人則靜坐冥想，只在腦海裏把過去的事拿出來檢視一遍。事實上，反省無處不在，完全不必拘泥於任何形式。你可在夜闌人靜的時候反省，也可在散步、運動或自己獨處的時候反省。

總之，你要把反省的時間安排在心境平靜的時候。湖面平靜才能映現出你的倒影，心境平靜才能映現出你今天所做的一切。

11 學會睜一眼，閉一眼

在日常生活中，我們一定會遇到形形色色的人，接觸到各式各樣的事，他們有些讓你感到滿意，但有些就讓你感到不那麼如意，不那麼理想，甚至產生極度的厭惡，這就是社會的現實。為什麼會出現這樣的落差？原因固然是多方面的。但是，面對複雜的社會，我們如果能夠學一點簡單的為人處世技巧，用「睜一眼，閉一眼」去看待周圍的人、周圍的事，久而久之，你就會感到做人並沒有想像的那麼複雜，就會品嘗到生活的樂趣。

我們這裡所說的「睜一眼，閉一眼」，是指人們的一種心理狀態，意思是說，對某些現象睜著眼看到眼裏，記在心裏，而對某些現象則閉著眼，假裝看不見。不過這裡說的「睜一眼，閉一眼」，並不是說我們應該不辨是非，什麼人都去結交。比如結交品德低下、無情無義、極端自私的人是一種災難，更是一種悲哀；而結交與人為善的人、剛正不阿的人、光明磊落的人，和他們做朋友是福，是一種快樂，更是一種難得的收穫和享受。不過想一想「水清則無魚」的道理後，我們可以站的高一些，看的遠一些，既然生活不能至清至淨，那麼我們碰上了一些不如意、不愉快，又有什麼好大驚小怪的呢？你只需駕駛好自己的小船，歡歡樂樂的走自己應該走的路。

在現實生活中，我們應當「睜眼」看世界，對任何事物都盡收眼底；同時又要「閉眼」，對某些事物和現象採取視而不見的態度。「睜一眼，閉一眼」是為人處世中一種廣泛運用的做人方式。比如批評別人，就要「睜一眼，閉一眼」，做到大事明瞭，小事糊塗。

人無完人，世無完世，且睜一眼，閉一眼，擇善而從，不善則包容或棄之，如此而已。道家講世間萬物由陰陽二極而成，辯證法認為世界是一個矛盾的統一體，既然是矛盾，就有好有壞，有善有惡，有優有劣，有苦有甜，不同的判斷體現不同的價值觀，矛盾雙方又是相互依存、相互制約的。

人們嚮往完美，有完美便有不完美，因為有了不完美才會嚮往完美。**但是嚮往追求的事物未必都能實現，或許正因為遙不可及才更有誘惑力，人還是要在現實中生活的。**於是只好將眼睛一睜一閉，反而更加心明眼亮。在此，還以交朋友為例講述這用眼之道。一個人要贏得友誼，就要多看到對方的優點和長處。比如某人事業心強，工作成績突出，但生活處世能力差，那麼就擇其長處學習，這樣你會和對方和睦相處。相反，你睜開兩隻眼看對方，要求對方什麼都好，什麼都順你的眼，那麼最終是你失去友誼嚇跑了朋友。

做人還是簡單一些好，不要把事情想的過於複雜。閉一隻眼看朋友，就是一種寬容的處世之道。千萬不可斤斤計較，看到某個朋友的缺陷就不願與對方相處。比如你的朋友曾有過什麼不足，或者存在著某些致命的弱點，在你與他相處的過程中，不妨迴避對方的缺陷，忘記他的不足，尊重他的人格，希望他能有美好的未來，那麼，你交朋友的視野就更為寬廣，你的受益會更加豐富多彩。

每個人在生活中，總會遇到挫折，從挫折中經受考驗，從幼稚中走向成熟，從認識弱點走向克服弱點，那麼，我們完全沒有必要把別人的過去洞察得一清二楚，你只要認為對方是一個真誠的人，或對你很真誠的人，即使他有某些方面與你格格不入，你也不必加以追究，世界上本來就沒有完美無缺的人，如果你睜大眼睛看對方，總可以發現對方有許多弱點或缺點。**睜一隻眼，即是多看對方的長處，閉一隻眼，即是少看對方的弱**

點，唯有如此，才能永遠保持處世的樂趣。如果你睜大雙眼，想將世界和世人看個透，結果勞累的不只是眼睛。

人總是要在一堆目光下活著，有的人將世界看的過於複雜，忙於看人家的眼色，並且依順他人的眼色去從事，或是興奮或是驚訝，老是怯怯地懸著心，這樣活得多緊張啊！請用你的慧眼去擇善，就像貓頭鷹一樣睜一隻眼，閉一隻眼，睜一隻眼為的是洞察周圍，將良辰美景盡收眼底，閉一隻眼是將烏烟瘴氣巧妙的忽略掉。唯有如此，你才能永遠保持處世的樂趣。

第五章

卸下包袱，讓自己輕鬆一點

高明的琴師永遠不會把琴弦繃得過緊，同樣的道理，人也要學會放鬆，在沒有壓力的情況下，人生才會輕鬆。

1 學會放鬆，人生輕鬆

很多人總是把自己弄得很緊張，把心靈禁錮在工作、生活中，從不曾給自己一點自由，這是一種錯誤的生活方式，因為當一個人總是處在緊張狀態時，他的生活就會因壓力太大而失去樂趣。

第二次世界大戰時，有一次，丘吉爾在北非與蒙哥馬利將軍閒談。

「我不喝酒，不抽菸，到晚上十點鐘準時睡覺，所以我現在還是百分之百的健康。」蒙哥馬利說。

「我剛好跟你相反，既抽菸又喝酒，而且從不準時睡覺，但我現在卻百分之二百的健康。」丘吉爾說。

很多人都以為怪事，以丘吉爾這樣一位身負兩次大戰重任，工作繁忙緊張的政治家，生活這樣沒有規律，身體還能如此健康呢？

其實只要稍加留意就可知道，他健康的關鍵全在有恒的鍛鍊、輕鬆的心情。其既抽菸又喝酒，且不準時睡覺則不足為訓，你沒見他在戰事最緊張的周末還去游泳嗎？沒見他在選舉戰白熱化的時候還去釣魚嗎？沒見他剛一下台就去畫畫嗎？沒見他那微皺起的嘴邊上斜啥著一支雪茄的輕鬆心情嗎？

使心情輕鬆的第一個方法是：拿得起，放得下。對任何事都不可一天二十四小時的念念不忘，寢於斯，食於斯，否則不僅於身有害，而且於事無補。

使心情輕鬆的第二個方法是：不做不勝任的事。《史記》的《酷吏列傳》裏有「勝任愉快」一詞，合理至切。假如你身兼數職，顧此失彼；或用非所長、心餘力絀，心情又怎能輕鬆呢？

使心情輕鬆的第三個方法是：謀定而後動。做任何事情，要先有個周詳的安排，安排既定後按部就班的去做，能應付自如，不會既忙且亂。在這瞬息萬變的社會裏，當然免不了也會出現偶發事件，此時更要沉住氣，詳細的安排。事事都要謀定而後動，就會胸有成竹，勝算在握。

使心情輕鬆的第四個方法是：在輕鬆心情下工作。工作儘管緊張，但心情必須輕鬆。在你肩負重擔的時候，千萬記住要哼幾句輕鬆的歌曲。在你寫文章寫累了的時候，不妨高歌一曲。要知道心情越緊張，工作越做不好。

使心情輕鬆的第五個方法是：多留出一點時間。許多使我們心情緊張的事都是因為時間緊促，怕耽誤事。若每一件事都多留出一點時間來，就會不慌不忙，從容不迫了。最好的辦法就是把手錶適當撥快一些，時時刻刻用錶面上的時間警惕自己，如此則既不誤事，又可輕鬆。

使心情輕鬆的第六個方法是：知止。知止於是而心定，定而後能靜，靜而後能安，靜而且安，心情還有什麼不輕鬆的呢？

很多醫生都告訴我們，在輕鬆的心情下吃東西容易消化；在緊張的心情下吃東西容易得胃病，一個心情經常輕鬆的人一躺下床來就睡著，一個心情經常緊張的人容易失眠；一個永遠從容不迫的人一定能長壽，一個緊鎖眉頭經常緊張的人一定會病痛纏身的。

記住：學會放鬆，人生才會輕鬆！

2 不要杞人憂天

憂慮是我們在生活中常見的一種最消極而毫無益處的缺點，是精神憂鬱的最常見形式，是一種極大的精神浪費。但是，憂慮卻像魔鬼一樣，喜歡纏繞著人，因此很多人都有過杞人憂天的經歷。舉個例子來說：假設有一天早晨起得太晚，你不禁會想：糟糕！起得太晚了，一定會碰上大塞車，上班肯定會遲到。如果到得太晚，老闆肯定會對我不高興；要是他氣炸了，說不定會要我走人。萬一我失業了，房屋貸款、還有一大堆等著支付的信用卡帳單該怎麼辦？要是不能及時找到工作的話，不但信用破產，房子也會被查封。房子如果沒了，我要去住哪裡？沒錢又沒地方可去，我一定得挨餓，搞不好還會橫死街頭，而這些都是起因於今天睡晚了。

也許你會覺得這一路推演下來未免太誇張了點，沒錯，是稍嫌誇張了點，不過，類似這樣的杯弓蛇影你絕不會沒有過。為了明天會更好，每個人無不戰戰兢兢地過活，誰都害怕今天所有的一切明天會化成泡影，所以，這樣的恐懼感就油然而生了。

雖說適當的恐懼感可以成為促使我們奮發向上的動力，沒有了它，大多數的人就失去了激發自己向上的動力。但是，過度恐懼卻不是一件好事，它只會讓我們整天擔心，久而久之成了習慣。甚至於內化成個人的性格，變成無事不憂、無事不慮，反而綁手綁腳，讓你什麼事也做不了。

任何事物總有不盡如人意的地方，不要刻意去追求完美，這樣會使得我們變得神經質，生活在拘束之中只會使你感到倍加恐慌。

比如有一天下午，山姆路過法庭，看見一群人正往裏擠，上前一問，才知道馬上有公審。山姆也擠了進去，在後排的一個旁聽席坐下。

被告跟山姆一樣穿著西裝，但沒有打領帶。被告被指控殺了人，控方的證據是被告提不出不在場證明，被告辯護的理由是案發當天下午他一直在家。但是，在近兩個小時的法庭調查和辯論中，被告未能拿出證據證明案發當天下午他在家，不在案發現場，結果被法官判了有罪，這讓山姆大驚失色，他連忙問坐在他旁邊的一位戴眼鏡的先生：「請問先生叫什麼名字？」那位先生說：「我叫弗蘭德。」山姆說：「我叫山姆，我想你能證明我今天下午一直在法庭。」弗蘭德先生說：「對不起，我只能證明你現在在法庭，至於你跟我說話前你是否在法庭，我不能證明。」山姆急了：「整個下午我都跟你坐在一起，我一步都沒有離開這個座位，你怎麼不能證明呢？」剛剛走下審判台的法官看見他們兩人在糾纏，走了過來。山姆說：「我確確實實整個下午都在法庭，我一直坐在他的旁邊。」法官說：「你自己說了沒用，你得有證人！有人證明你今天下午都在法庭嗎？」山姆望著弗蘭德，弗蘭德搖搖頭。法官說：「幸好還沒有人指控你！」山姆嚇出一身冷汗。

山姆出了法庭，擠上公共汽車。山姆拿著售票員撕給他的票問：「妳這票能夠證明我今天下午五點左右在你們車上嗎？」售票員說：「我們的票只能證明你搭過我們的車，不能證明你在什麼時間搭的車。我們是公共汽車。」山姆小心翼翼地把車票放進口袋。臨下車前，他問售票員：「請問小姐芳名？」售票員說：「我叫瑪麗娜。」山姆指著自己的額頭說：「我叫山姆。記住，我這裡有個刀疤。」

下了公共汽車，山姆剛到家門口，就敲響了鄰居的門。他對鄰居說：「你看見了，我現在要進門了，你能證明我到了家，我在家裏。」山姆關上門，倒在沙發上睡著了。他醒來，一驚，拉開門，敲開鄰居的門說：「你看到了，我在家裏。」鄰居說：「我只能證明你兩次敲我門的時候你在家裏，至於其他時間你是否在家，請諒解，我不能證明。」山姆急得在屋裏亂轉。他看見了床頭櫃上的電話機，他打通了一個朋友的電話。他說：「我打電話給你，是想讓你證明我在家，萬一將來有人指控我，你可以為我證明。」朋友說：「從來電顯示看，你是在家。但我只能證明你給我打電話的時候你在家，至於沒打電話的時候，你是否在家，對不起，我不能證明。」

就這樣，山姆不斷敲鄰居的門，不斷打朋友的電話。夜深了，他不能再敲鄰居的門，不能再打朋友的電話。他躺在床上想到自己無法證明一個人在家睡覺，他恐懼極了。他下了樓，來到街對面的一個朋友家。他睡在朋友的身邊說：「你能證明，我今晚是跟你睡在一起的。」朋友打起了呼，他卻睡不著覺。想到法庭上那個被判有罪的人，山姆發現自己以前的生活是多麼的危險。他一直一個人生活，他一直過著沒有證人的生活，他甚至刻意追求這樣孤獨的生活。萬一有人指控他，他真的會跟那個被告一樣，因為沒有證人而被判有罪的。他再也不能一個人生活了，那是不可以的，那太危險了，他決定明天就找個證人一起生活。

不知你是否發覺：其實很多的憂慮都是像山姆那樣自己添加給自己的。我們經常因為某種刺激而陷入恐慌中，其實，你只要置身之外想一想，那不過是杞人憂天而已。

《讀者文摘》上曾刊登過這樣一篇有關憂慮的文章，作者在文中對憂慮心理這一缺陷進行了絕妙的諷刺：「如此眾多的令人憂慮的事情！有舊的也有新的，有重大的也有微小的，而富有想像力的憂慮者，總有辦法將路上的行人和遠古時代聯繫起來。假如太陽燃盡了，一年四季可能完全成為黑夜嗎？如果低溫冷凍中的人再甦醒過來，他們還能活多久？如果一個人沒有了小腳指頭，他能否在踢球中進球呢？」

請記住一點：世上沒有任何事情是值得憂慮的，絕對沒有！你可以讓自己的一生在對未來的憂慮中度過，然而無論你多麼憂慮，甚至抑鬱而死，你也無法改變自己的現實。

3 把令你沮喪的事放下

人在心情不好的時候，總會不自覺的把壞心情抱得更緊，認為所有人都和自己做對，關上門不跟人說話，嘟著嘴生悶氣，緊鎖著眉頭胡思亂想，結果心情更壞、更難過。所以，人要學習放下心情，拒絕讓它折磨才行。

在《星雲禪話》中有一則故事，講得很生動，對我們很有啟發性。這故事講的是一位行者經過險峻的懸崖時，一不小心掉落山谷，情急之下抓住崖壁下的樹枝，上下不得，祈求佛陀慈悲營救。

這時，佛陀真的出現了，伸出手過來接他，並說：「好！現在你把抓住樹枝的手放下。」但是行者執迷不鬆手，他說：「把手一放，勢必掉到萬丈深淵，粉身碎骨。」行者這時反而更抓緊樹枝，不肯放下。這樣一位執迷不悟的人，佛陀也救不了他。

壞心情就是緊抓住某個念頭，死死握緊不肯鬆手去尋找新的機會，發現新的思考空間，所以陷入愁雲慘霧中。

其實，人只要肯換個想法，調整一下態度，或者修改一下作息時間，就能讓自己有新的心境。只要我們肯稍作改變，就能拋開壞心情，迎接新的處境。心理專家告訴我們：「把令你沮喪的事放下，洗把臉把無精打采的愁容洗掉，修飾一下儀容以增強自信，想著自己就是得意快樂的人。注意！裝成高興充滿自信的樣子，你的心情會好起來。很快的你就會談笑風生，笑容可掬。」

的確，只要我們懂得改變情緒，就能改變思想和行為，思想改變情緒會跟著改變。放下了包袱後，我們才能輕裝上陣，才能活得輕鬆、自在、愜意。

我們要想擁有好心情，就得從原有的壞心情中開脫，從煩惱的死胡同中走出來。請注意，當你放下心情的包袱時，要好好檢視清楚，看看哪些是事實，把它留下來設法解決。哪些是垃圾，是給自己製造困擾的想法，要狠下心來把它拋開，只有這樣才能應付自如，帶來好心情和清醒的頭腦。因此，人人都應該學會放下，學會割捨。

4　不要太過執著

人在生活中有時不要過於執著，能過就過，也許你會覺得失去了應該有的原則，但是生活如果太過於執著，只能用一個字給其定論，那就是「累」。

一位教授在上心理諮詢課時聽到一位婦女這樣報告：「每當我丈夫從中間擠牙膏時，我就會很生氣！每個人都知道，應該從尾端向前面開口處擠嘛！」

這個現象引起教授的注意，因此，教授在全班做了一次調查，看看牙膏該怎麼擠。基本上，似乎大家都明白，牙膏應該由尾端擠向開口處。然而調查結果顯示，只有約一半的同學知道應由尾端先擠；而其他一半的同學竟認為，牙膏應從中間開始擠壓！

當然，重點並不是你從牙膏的什麼地方開始擠，而是你應該將牙膏擠到牙刷上面，至於牙膏是如何附著到牙刷上的，事實上並不太重要。假使真的有問題，那應是從我們內心製造出來的！

希爾達稱這種一成不變的行為方式為「模式」。我們腦袋裏塞滿了一堆慣性的動作和行為模式。她解釋說：「假使我們無法跳脫自己固有的思考及行為模式，在與別人相處，他人又希望來點不同的處境時，我們便會被激怒，且會變得跟周遭的人、事、物格格不入。」

當教授跟班上的同學們分享「模式」的概念時，同學們皆承認了自己一些荒唐好笑、刻板思考的模式：一位婦女竟然為了衛生紙捲的方向錯誤而鬱悶了半天，她只在衛生紙捲的方向是由牆邊向外轉時，才會感到滿意；另外一位同學則說，每天早上他都會將車停在火車站的某一特定停車位，假使有一天別人無意中佔了那個車位，他就會有種想法：今天一定是個倒楣日；還有一位同學說，只要他的襪子被折疊的方式錯誤，他就會冒出無名火。

希爾達告訴我們：「真正的解決之道，就是找出你的模式，然後破除它。找一天開車上班時，挑些不同的路走走；給自己換個新髮型；將房子裏的傢具換換位置……做任何可以防止自己落入停滯不前的新鮮事。」

因此，教授建議那位尋找特定停車位的同學給自己一個星期，每天都故意不停那「幸運停車位」，看看會發生什麼事。第二個星期他再來上課時，臉上充滿著笑臉說：

「我照著您的建議去做！不但沒有倒楣事發生，我甚至過了好幾天的幸運日！」

現在我明白了，自己以往皆被固有的想法綁住，如今我已解決，高興停哪裡就停哪裡。

其實，我們全都擁有自由的心靈，而且不會被任何事物所綁住，除非是我們自己認為；我們全都享有自由，不論汽車停在哪一個停車位，不論牙膏怎麼擠。

真實的活著，我們必須讓自己跟周遭的人、事、物融合在一起。我們不能將自己局限於某種不變的形象下，或者認定每件事情只有單一的解決方案。

一位哲學家曾說過：「快樂的秘訣在於停止堅持自己的主張。」

我們必須分辨清楚，到底是生活圈住了我們，還是我們自身狹隘的思維限制了自己。能實現快樂的唯一方式是不被任何事物所約束，而不受約束的唯一方式則是管理好自己的思想。

5 做人不要太計較

有人說「做人要做糊塗人，做事要做精明事」，這話一點也不假，古代就有名言「水至清則無魚，人至察則無徒」來表述這層意思。確實如此，尤其是在利慾薰心的這個年代，如果人太計較了，就會對什麼都看不慣，連一個朋友也容不下，最終會把自己封閉和孤立起來，失去與外界的溝通和交往。

桌面很平，但在高倍放大鏡下就像凸凹不平的黃土高坡；居住的房間看起來乾淨衛生，但當陽光射進窗戶時，就會看到許多粉塵彌漫在空氣當中。如果我們每天都帶著放大鏡和顯微鏡去看東西，恐怕世上沒有多少可以吃的食物、可以喝的水和可以居住的環境了。如果用這種方式去看別人，世上也就沒有美，人人都是一身的毛病，甚至都是十惡不赦的大壞蛋了。

人非聖賢，孰能無過，人活在世上難免要與別人打交道，對待別人的過失、缺陷，寬容大度一些，不要吹毛求疵、求全責備，可以求大同存小異，甚至可以糊塗一些。如果一味的要「明察秋毫」，眼裏容不下沙子，過分挑剔，連一些雞毛蒜皮的小事都要去論個是非曲直，別人就會日漸疏遠你，最終自己就變成了孤家寡人。

古今中外，凡能成就一番大事業者，無不具有海納百川的雅量，容別人所不能容，忍別人所不能忍，善於求大同存小異，贏得大多數人。他們豁達而不拘小節，善於從大處著眼；從長計議而不目光短淺，從不斤斤計較，拘泥於瑣碎小事。

要真正做到不計較，不是件很容易的事，需要有善解人意的思維方法。有位顧客總是抱怨他家附近超市的女服務員整天擺著臭臉，誰見她都覺得好像自己欠她錢似的。後來他的妻子打聽到這位女服務員的真實情況。原來，她的丈夫有外遇，經常不回家，上有老母癱瘓在床，下有七歲的女兒患有先天的哮喘，住在一間十坪不到的小房子，難怪她整天愁眉不展。明白至此，這位顧客再也不計較她的態度了，而是想去幫助她。

在公共場所，遇到了一些不順心的事，也用不著去動肝火，其實也不值得去生氣。素不相識的人不小心冒犯了你可能是有原因的，也許是各式各樣的煩心事攪在一起，致使他心情低落，甚至行為失控，剛好又被你給碰上了……其實，只要對方不是做出有辱人格或違法的事情，你就大可不必去跟他計較，而應該寬大為懷。假如跟別人較起真來，「刀對刀，槍對槍」的幹起來，再弄出什麼嚴重的事來，可真是太不值得了。跟萍水相逢的人計較，實在不是明智之舉；跟見識淺薄的人計較，無疑是降低自己做人的格調。

凡事不必太計較，夫妻生活中也是一樣。俗話說：「金無足赤，人無完人。」作為夫妻，食的是人間煙火，誰也不可能完美無缺，所以雙方都應該學會寬容對方的缺點，只要不是原則性的大問題，就不要求全責備，該裝糊塗就裝糊塗，該和稀泥就和稀泥。對方無意間帶給你的小小傷害或不悅，不要放在心上或掛在嘴邊，過去的事就讓它過去。適時的寬容對方，可以消除婚姻上的陰影。

婚姻的密碼在於「求大同，存小異」。有人比喻夫妻就像兩塊拼在一起的木板，雙方的結合並非天衣無縫，質地和紋路也不盡相同。夫妻不會像兩滴水一樣，他們在性格、愛好、生活方式上都存在著差異，任何一方都不能用自己的特點去消滅對方的特點，也不能按照自己的標準去塑造對方；夫妻雙方應允許各自保留一塊獨具特色的「空間」。

凡事不必太認真，如果太計較，由於人是相互作用的，你表現出一分敵意，他有可能還以二分，然後你則遞增為三分，他又會還回來六分……把敵意換成善意，你會有多麼大的收穫。當「冤冤相報何時了」的雙輸，能成為「相逢一笑泯恩仇」的雙贏時，不是人生最大的成功嗎？

6 別讓自己活得太累

「生活真是太累了！」常聽一些人說出這樣的話。其實，生活本身並不累，它只是按照它本身的規律在運轉。說生活太累的人，是他本人活得太累了。

是啊！生活的涵蓋面是太大了。生活在這個世界上，你要為衣、食、住、行去忙碌，要去應付各式各樣的事情，要去與各式各樣的人相處。可是誰又能保證你所接觸的事都是好事，你所遇到的人都是謙謙君子呢？即使是上帝掌握在你手中，恐怕也不會那麼幸運，更何況並沒有萬能的上帝呢？所以，生活中必然會有不一樣的事，有喜就會有悲，有幸運之神也會有不幸的降臨。人也是如此，有君子就有小人，有高尚之士就有卑鄙之徒。事物都是相對而生的，否則生活又怎麼能稱之為生活呢？只有各式各樣的事、各式各樣的人結合在一起，才能構成色彩的世界。也只有這樣的生活才是有滋味的。

在生活中，面對著各式各樣不合自己心意的事，與各式各樣不與自己性格相符的人相處，你會採取什麼樣的態度呢？是坦然、磊落、輕鬆的對待，還是謹小慎微，抬頭怕頂破天，走路怕踩到螞蟻呢？值得告訴大家的是，不要讓自己長期生活在緊張、壓抑之中，不要讓自己的琴弦繃得太緊，也就是別活得那麼累。必要的時候，放鬆一下自己，輕鬆地活著。

生活畢竟是公平的，對誰都是一樣，沒有絕對的幸運兒，更沒有徹底的倒楣鬼，你有這樣的不幸，他也有那樣的煩心事；別人有那樣的好機會，你還會有這樣的好運氣。所以，千萬別把自己說得那麼悲慘，更不要把自己纏繞在自己織的網中，掙扎不出來。

感覺生活太累的人，一般都是一些膽小怕事者。每說一句話都要考慮別人會怎麼看待自己，會不會因為這一句話而傷害某人；每做一件事都要瞻前顧後，生怕因為自己的舉動給自己帶來不好影響。工作中，對上司、同事小心翼翼，生活中對朋友、鄰居萬分小心，那真是連個臭蟲都不敢打死的「謹慎」之人。其實，你的周圍有那麼多人，而每個人的脾氣都不一樣，你不可能做到使每個人都滿意。即使你樣樣謹小慎微，還是有人對你有成見。所以只要不違背常情，不失自己的良心，那麼挺起胸膛來做人做事，我想效果恐怕比那樣更好。

感覺活得太累的人往往不能很好的調整自己，遇到不幸的事發生時，不能樂觀的去看待。而且容易對生活產生悲觀想法，好像世界末日就要來臨了。哪怕是看電視時看到國外發生了地震，死了許多人，也會緊張得要命，夜裏不得安睡，總是疑心地球要爆炸了，說不定哪天自己就上西天了。你說，這不是杞人憂天嗎？

如果長此以往，總是生活在心情沉重、感情壓抑之中，那將是非常可怕可悲的事。處處都要考慮得失，時時都要注意不必要的小節，這樣你還有更多的時間去做大事，去成就你的大事業嗎？回答當然是否定的。因為你連很小的一件事都要左思右慮，時間就在你的猶豫中溜走了。也許，當你老了的時候，你回過頭來會發現自己是那麼渺小，兩手空空，一事無成。到那時，只有眼看著五彩繽紛的人生變成黑白的了。

經常感覺生活太累的人，必然看不到生活中光明的一面，更感覺不到生活的樂趣，因為他的眼睛全部用來盯住自己周圍狹小的一點空間，而無暇顧及其他的事。而且，他的生活是非常被動的，因為他不願主動去做什麼，生怕天上飛鳥的羽毛砸了自己。這樣的生活不會是幸福，更沒有快樂可言，這樣的生活是沉重的。

活得累的人很少有幽默感，更不會去放鬆一下自己，唯恐別人以為自己對生活不嚴肅。

活得累的人就像身上穿著一件厚重的鎧甲，既不能活動自如，又不能脫去它，因為它太重了，壓在身上重如千斤；活得累的人就像永遠戴著一副面具，這副面容在人前謹小慎微，在人後愁眉苦臉。真是太累了，讓人喘不過氣來。

既然活得累是一件很痛苦的事，既然生命對我們來說又是那麼寶貴、那麼短暫，我們何不換一種活法，活得輕鬆、幽默一點，努力去感受生活中的陽光，把陰影拋在後頭。即使工作任務繁重，也要抽出一點時間來放鬆一下自己，那樣會對你的工作更有益處。

林肯的書桌上總有一本詼諧的書籍放在那裡，每當他抑鬱煩悶的時候，便翻開來讀幾頁，不但可以解除煩悶，而且還能消除疲倦。樂觀地對待生活，將使你充滿自信。美國富翁柯克在五十一歲那年，把財產全部用完了，他只好又去經營事業、去賺錢。沒多久，他果然又賺了許多錢。他的朋友因此好奇的問他：「你的運氣為什麼總是那麼好呢？」柯克回答說：「這不是我的幸運，乃是我的秘訣。」朋友急切地說：「你的秘訣可以說出來讓大家聽聽嗎？」柯克笑著說：「當然可以，其實也是每個人都可以做到的事情。我是一個快樂主義者，無論對於什麼事情，我從來不抱著悲觀態度。就算是人們對我譏笑、惱怒，我也從不改變我的主意。並且，我還努力讓別人快樂。我相信，一個人如果經常向著光明和快樂的一面看，一定可以獲得成功的。」

是的，樂觀、豁達可以使人信心百倍，即使是天大的困難，也能夠克服。

多一點幽默感！那將使你的生活樂趣無窮。有人說中國人是不會笑的民族，這實在是一種侮辱。中國人性格雖然拘謹一點，但不會拘謹到不會笑的程度。當然了，幽默並不等於笑話，一個油嘴滑舌喜歡說笑話的人並不一定有幽默感，相反，兩個性格拘謹的人如果遇事豁達，則必定有不少幽默細胞。做人就應該多培養點幽默感，這是人類的特性之一。人生中有那麼多不如意的事，能夠有點幽默感，日子豈不好過得多。

笑對人生，萬事都能泰然處之。這樣，你就能活得輕鬆多了。

7 當心壓力的紅線

壓力，這個自詡為前進動力的孿生姐妹，已成了現代人的致命傷，它嚴重影響了現代人的生活品質。一個女中學生因不堪課業的壓力而上吊自殺，某公司老闆因無法承受銀行催討貸款，老婆鬧離婚的生活而跳樓自殺……。生活的壓力太大，以致於他們無法承受，所以才走上了絕路。

現代人在充分體驗高科技成果所帶來的前所未有的愉悅的同時，也正忍受著它帶給人們的重大壓力。在「時間就是金錢」等類似觀念的感召下，人們與時間賽跑，絲毫不敢怠慢的填滿每一分每一秒，忙工作、忙進修……，連吃飯都分秒必爭。在這樣的快節奏生活下，工作壓力、學習壓力、生活壓力等，一起向人們襲來。身強力壯，承受力大者，挺身憋氣，強自為之；心理素質差，承受力弱者，恐慌、失眠。

人不能沒有壓力，但壓力不是越多越好。我們應一分為二的看待壓力，應該看到它在督促人們前進中的作用。每一個人都有壓力的承受極限，超過這個極限，如果不能及時排解就要出問題。

你有多久沒有躺臥在草地上，凝望蒼穹，望天空雲捲雲舒，看夜空繁星閃爍了？你有多久沒有親近大地，觀草木榮衰了？你有多久沒有陪家人共享一頓豐盛的晚餐了？是不是很久了！

在強大的壓力之下，每個人每天總是忙、忙、忙，越忙碌就越覺得生活茫然。不知為何要這麼忙，卻又是忙、忙、忙。於是，盲目、忙碌、茫然，成天遊來蕩去，累了、煩了，卻還是擺脫不了。忙碌彷彿成了一種慣性，而一旦脫離了這種慣性，整個人又像沒有了魂的幽靈，整天晃來蕩去不知所措。工作的餘暇偶爾有片刻的鬆懈，又彷彿是偷來的快樂，不敢受用。

加班工作在我們這個社會已成為非常普遍的現象，沒有時間和精力去享受生活中的其他樂趣，疲勞過度使得大家都成為生活中的失敗者。

商界一個名人在接受採訪時說：「我每天工作超過十八個小時！常常是連吃飯的時間都在工作。」而此人得到的結果竟是英年早逝。雖然累積了巨額財富，但在世時他得到的似乎僅僅是忙碌和煩躁而已。

現在忙碌已經不是一種狀況，而成了一種習慣。沒有人喜歡忙碌，但在巨大的競爭壓力下，不忙碌又害怕自己會落伍，會被社會所淘汰。對於大多數人來說，淘汰的危機與發展的危機並存，因此許多人都處在不窮也不富的尷尬階段，放棄工作便一窮二白，停下腳步便身心皆空。於是，只能馬不停蹄地向前奔跑，只能用透支的身體作為生命中唯一的本錢，為「希望中的未來」而辛苦奔波。

當然，如果壓力太小或沒有壓力，人們就會失去動力，不思進取。俗話說：「人要逼，馬要騎。」每個人應根據自身條件，把壓力維持在最佳程度，只有這樣才能臨壓不懼，真正體驗快樂生活。

8 選擇適合自己的包袱

生活中，常常聽到有人抱怨活得太辛苦，壓力太大；其實，這往往是因為我們在還沒有衡量清楚自己的能力、興趣、經驗之前，便給自己在人生各個階段設下了過高的目標，這個目標不是根據個人實際情況制定的，而是和他人比較制定的，所以每天為了完成目標，不得不揹著責任的包袱去生活，不得不忍受辛苦和疲憊的折磨。

每個人首先要為自己負責任。有的人不看實際情況，要求自己必須考上明星大學，必須學熱門專業，認為這是自己的責任，只有這樣才算完美人生。許多大學畢業生不願去小公司，就是因為他們人生揹負有太多的責任。這種以私利為出發點的個人抱負，已蛻變為一個包袱壓在人的身上，讓人喘不過氣來。可是很多人卻樂此不疲。

人們常說：「什麼事都歸咎於他人是不好的行為。」但真的是這樣的嗎？許多人動不動就把錯誤歸咎於自己，其實這也是不正確的觀念。比如說，有的人因為孩子功課不好而整天苦惱，因為孩子沒考上好的大學而內疚。其實只要自己盡力去為孩子做該做的一切，因為其他原因而沒考好，怎麼能把責任歸到自己身上呢？再說塞翁失馬又焉知非福呢？說不定孩子能在其他方面有所成就呢。

瞭解自己，做你自己，就不必勉強自己，不必掩飾自己，也不會因揹負太重的責任包袱而扭曲自己。如此，就能少一點精神束縛，多幾分心靈的舒展；就能少一點自責，多幾分人生的快樂。有的人對自己和社會格格不入的個性感到相當煩惱，可是後來把它想成：這種個性是與生俱來的，是上天所賜予的，並非自己努力不夠。這樣一想也就不再責備自己，不再煩惱了。

生活中有許多不快樂與抱怨生活煩悶，感到人生不順的時候，應該讓自己明智一點，不要用「高標準」去為難自己，卸掉自己揹負的沉重包袱，不要再折磨自己。

歌德曾經說過：**「只有認清了在這個世界上要做的事情，認真去做自己喜愛的事，我們就會有收穫。」**

知道自己的責任之所在，並揹負了恰當的、適當的、適合自己的責任包袱，我們就能體會到人生旅途的快樂。

9 敞開胸懷，釋放壓力

在國外一些公園裏，早晨會看到許多人擁抱大樹。其實，這是他們用來減輕心理壓力的一種方法。隨著現代生活節奏的加快，許多人長期處於高度緊張之中，使人承受著沉重的心理壓力，因此影響了身體健康。這時，就需要敞開胸懷釋放壓力，親近自然，回歸自然，讓自己在擁抱大樹的同時，也擁抱自己的心靈。

天底下沒有無所不能的超人，更不可能事事都有完美的結局。要正確面對社會現實，看到人們之間存在不平等的地位，存在待遇上的差距，承認差別，努力去縮小與別人的差距。尋找自己可以勝任並且感覺愉快的事情去做，全心投入，別太計較得失。每個人都有自己的長處和短處，只有積極有為，勤奮才能補拙，不要擔心不如別人，要自己接受自己，確立一種自強、自信、自立的心態。要拚才會贏固然沒錯，可是並不表示凡事都必須爭取第一，暫時把工作和榮辱等放一旁，儘量在輕鬆的玩樂中找回自己。在講求工作效率的當今社會，很多人都把工作視為生活的重心之一，常常忽略個人的休閒活動。如要身心健康，適當的娛樂休閒不可缺少。

如果可以讓自己的生活充滿樂趣，過的無憂無慮，那又何樂而不為呢？讓快樂進入你的生活，讓微笑常寫在你的臉上。把生活中的壓力、煩惱羅列出來，然後一個一個的擊破，你會有一種輕鬆、愉快的感覺。積極參加各種自己感興趣的業餘活動，扭轉目前的心情。別將心事往心裏藏，找個有愛心又信得過的好朋友，把所有的不愉快向對方傾訴，使心理取得平衡。別因芝麻大的小事而耿耿於懷，徒增煩惱。多讀一些聖賢哲理與名人傳記，名人之所以成功，就是他們能從挫折中走出來，聖賢的思想與足跡能給我們許多啟示。讀書解愁，在書的世界遨遊時，一切憂愁悲傷便付諸腦後，煙消雲散。或者看看電影，聽聽音樂，都是很好的發洩途徑。

壓抑會產生厭倦、懶惰的行為，越是懶於動手做事越容易發生心理危機。這時候，最好積極地做些富有建設性的工作，比如列出一個學習、生活日程表，不論大小事情都列入其中，並認真、專心地去做，一旦成功的完成一項工作，心理就會踏實得多。

如果你很頑固，看書、聽音樂、看電影都不能將你從壓力中暫時解脫，那你再去嘗試著玩玩拼圖遊戲，做做園藝，做些家務或重新粉刷房子，改變家裏的擺設等等。「健康的人格寓於健康的身體」，堅持鍛鍊身體是一個不錯的方法。多進行一些心肺的鍛鍊，例如走步、慢跑、游泳和騎車等，呼吸新鮮空氣會讓人信心倍增，精力充沛，從而消除緊張焦慮的心情。與其將不滿的情緒深埋心底，不如用有效的途徑使自己忘掉煩惱。

你也可以主動幫助別人，為他人效勞，幫助別人解決困難，在減輕壓力的同時，也可以使自己感到滿足和有成就感。

10 小事也會把人逼瘋

做人應該豁達一點，別老醉心於雞毛蒜皮的小事。要知道在小事上糾纏，是時間的浪費，也可以說是生命的無端消耗。一個人雖不能玩世不恭遊戲人生，但也不能太計較。太認真了，就會對什麼都看不慣，也就無法在這個社會上生存。

一個人最想擁有的東西，就是這個人的大事。雖然很多事情都是從小事開始的，但是，只有專心致志的做大事，才有可能談得上高效率。然而既有趣又悲哀的是，我們通常都能夠很勇敢地面對生活裏面那些大危機，卻經常被一些小事情搞得垂頭喪氣。

在日常生活中，小事也會把人逼瘋。例如，在仲裁過四萬多件不愉快的婚姻案件之後，芝加哥大法官埃爾文・強生就曾經說過：「婚姻生活之所以不美滿，最基本的原因通常都是一些小事情。」紐約的地方檢察官派蒂・波森也說過：「我們的刑事案件裏，有一半以上都起因於一些很小的事情。」

怎樣化解這些小事對我們情緒的干擾，並且使我們空出情緒波動的時間用來工作呢？

最專制的俄國沙皇凱瑟琳女皇二世，在厨師把飯菜做壞了的時候，通常只是付之一笑。美國第三十二任總統富蘭克林・羅斯福與夫人剛剛結婚的時候，羅斯福夫人每天都在擔心，因為她的新厨師飯菜做的很差。後來她說：「可是如果事情發生在現在，我就會聳聳肩，把這事給忘了。」事實就是這樣，聳聳肩就是一個好做法。

羅斯福夫人所言不差，我們更要清清楚楚的說，在多數的時間裏，我們要想克服被一些小事所引起的困擾，只要把目光轉移一下就行了。讓我們有一個新的、能夠使我們開心一點的看法，如此一來，熱水爐的響聲，也可以被我們聽成美妙的音樂。很多其他的小憂慮也是一樣，我們不喜歡它們，結果弄得整個人很頹喪，原因只不過是我們不自知的誇大了那些小事的重要性。

當然，最重要的方法，就是果斷的捨棄那些小事。

第六章

懂得知足，平平淡淡才是真

在生活中如果多一份知足，就會少一份怨氣。在物慾橫流的時代，知足是享受快樂的另一種智慧。

1 知足是一種心態

知足是一種心態，並不是不思進取，它能讓你很平靜地面對生活中的成功與失敗。而真正成功的人，都有一顆平靜的心。

人們常說一句話：「知足者常樂。」所謂知足，就是對現有的生活或者狀態感到滿足，不和別人攀比，能夠經常保持一種平和的心態。知足者有一種適可而止的精神，知足者有一種樂觀豁達的心態，知足者有一種恬靜淡然的處世態度，知足者有一種與世無爭的高尚品質。知足者常能夠在紛繁複雜的社會裏找對自己的位置，並享受著那份快樂，所以，知足者常樂。

現在說這句話的人越來越多，但是能達到這種境界的人卻越來越少。在社會的喧囂熱鬧中，生活節奏越來越快，人們總是很難享受到快樂，因為總是有此起彼伏的慾望，大有「倒了你一個，千萬個站起來」的架勢。於是人們為了名利，上下奔跑，日夜煩惱，東西南北團團轉，到最後期望的快樂沒有如期到來，反而淪為了慾望的奴隸。所以，貪慾就像是一瓶致命的毒藥，無論誰喝了都無藥可醫。

人都有貪念，貪念重一點就會演變成貪婪，明知是個圈套，但是卻有越來越多的人掉入了這個陷阱中。人的慾望是無窮的，人們總是會在一個慾望得到滿足後，就會產生一個更大的慾望，然後用盡自己的全力來實現，這就是貪婪。例如，當一個人找到一份工作以後，剛開始想的是能解決溫飽問題就行了，隨著自己工作經驗的日積月累，又想到如何才能升職、如何才能讓老闆為自己加薪、如何才能有一天出人頭地，太多的人都是這山望著那山高，對自己的現狀永遠不滿足，煩惱也伴隨著產生了。

著名作家劉墉曾借用坐火車詮釋了貪婪的本質：火車車廂內擁擠不堪，無立足之地的人會想，我要是能有一塊站的地方就好了；有立足之地的人會想，我要是能有一個座位就好了；有座位的人就會想，我要是能有一個臥鋪就好了；就連有臥鋪的人還會想，這要是一個獨立的包廂就太好了。社會上的一些人和這車上的乘客一樣，總是不滿足自己所擁有的，所以快樂也就離他們很遠。

人之所以不快樂，就是不知足。想要得到的太多，到最後卻什麼也得不到，甚至可能付出更大的代價，其實越想得到就越容易失去。我們每個人從出生的那一刻起，就注定了會和有些東西失之交臂，感情上的不如意，事業上的不順心，總是會讓我們花費更大的精力來尋求平衡，但一個人的能力是有限的，總有一些東西是我們顧不到的，所以不必苛求那些得不到的東西或辦不到的事情，如果過於執著的追求，只會給自己徒增煩惱，得到和失去只在一瞬間，心態才最重要。所以，每個人都要學會知足，很多的快樂都建立在這兩個字之上，如果你一輩子都在不停的完成自己一個又一個目標，卻沒有一絲一毫的幸福可言，那這樣的人生又有什麼意義呢？

2 贏得了世界又如何

人與人的交往為什麼會不斷的產生摩擦與矛盾？其中一個最為基本的因素，就是人永遠不知道滿足，有無限的慾望。每一個人都希望自己無論是合理的或者是不合理的願望，都能得到百分百的實現。不能實現，或者只實現了一半，則會產生不滿，進而發生衝突，而爭鬥也在所難免。如果你給了我金銀，何不把你手中剩下的那塊玉也給我呢？既然你已經讓我擔任了辦公室主任，何不把公司副理的職務也讓我兼任呢？如果這種慾望得不到滿足，貪婪不休，那人與人之間的矛盾就會產生，就會發生爭執，平添許多煩惱。

所謂的知足，是指已經得到的東西，在據為己有時，必須知道界限，並且無論怎樣都要感到滿意。碗中的水盛得太滿就會溢出來；刀磨得過於鋒利就會捲刃，這就是所謂的界限。

身外的名聲與自己的生命比起來，哪一個顯得親切？身外的財物，與自己的生命比起來，哪一個貴重？得到名與利卻失去生命，哪一樣對我們更有害呢？為了滿足自己無窮的私慾，即使賺得了整個世界，卻把自己的性命賠上去了，那又有什麼意義呢？

從這裡我們就可以看出，過分的貪圖虛名，是必須付出慘重的代價。家有萬貫，一日只食三餐；廣廈千萬間，一夜只宿一床。所以，只有在得到東西的時候就已經十分滿意，並且知道其界限，才可以身不受辱，不遭遇危險。

奢侈無度的人，有再多的財富也會感到不夠用，而那些雖然生活節儉、清貧但已經很滿足的人，卻一定會比那些奢侈無度的人生活的更快樂。不知進退的人，宜以此為深戒。

也許有的人認為，現代世界上什麼時候才能夠達到足夠呢？說什麼知足常樂，如果什麼也沒有，難道會有快樂嗎？我們需要物質的極大豐富，越多越好，給我們更大更多的東西吧。

這意味著，我們這些現代人已經是一點點在失去簡樸中的樂趣，即已經沒有精力去真正享受生命樂趣，能做到的只不過是用一次又一次的刺激，去暫時安慰那苦悶的心靈。人們喜歡聽鄭智化寫的《水手》這首歌，或許正是因為這首歌道出了此種心聲吧！

這裡問題的關鍵，就在於弄清生活的目的是為了體會生命的真正含義，還是為了追求快樂與感官的刺激。如果這個問題解決好了，我們就可以擺脫物慾的誘惑，而生活的快樂。

快樂的生活絕不是僅僅靠物質水平的高低來衡量的，否則，在電器、汽車誕生之前，就沒有人是快樂的，而這顯然是不符合事實的。

科學的進步與幸福的程度並不一定成正比的，這正是人文主義者所努力與科學主義者相抗爭的。人文主義者認為，人的幸福關鍵在於人的心境的改變，在於不受污染的心靈。所以，知足往往是一種對田園生活的嚮往和樂天派的讚美。

3 退一步思維

老子在《道德經》裏說：「禍莫大於不知足，咎莫大於欲得。」說的就是知足常樂的道理。知足常樂是廣為人知的，可是在現實中又有幾個人能做到這一點呢？許多人不能說他們不聰明，但卻由於不知足，貪心過重，終日奔波於名利場中，每日抑鬱沉悶，不知人生之樂。

有個人，偶然的在地上撿到一張千元大鈔，很是得意。因此，以後總是低著頭走路，希望能再次遇到這樣的運氣。

然而，長此以往，低頭走路便成了他的一種生活習慣。若干年後，據統計，他總共撿到鈕扣近四萬顆，鐵釘一萬多根，錢則只有幾百塊，可是他卻成了一個嚴重駝背的人，而且在過去的幾年中，他從沒有好好的去欣賞春天萬物復甦的美景，夏日鳥語花香的清新，秋天果實累累的枝頭，冬天銀裝素裹的世界。

人的慾望是無止境的，如果任其膨脹必將後患無窮。人有了貪慾就永遠不會滿足，不滿足就會感到欠缺，那麼也就快樂不起來。人的不知足，往往由比較而來。同樣，人要知足，也可以由比較得到。如果能多看一下不如自己的人，和他們比較一下，而不是一味的和比自己強的人比較，那麼一切煩惱自然會煙消雲散。我們不妨抱持一種「比下有餘」的態度來看待人生。

有個年輕人常為自己的貧窮而唉聲嘆氣。

「你具有如此豐富的財富，為什麼還愁眉苦臉？」一位智者問他說。

「我的財富在哪裡？」年輕人急切地問。

「你的一雙眼睛，只要能把你的一雙眼睛賣給我，你要什麼，我都可以給你。」智者說。

「不行，我不能失去眼睛！」年輕人答道。

「好，那把你的一雙手給我吧！我用一袋黃金做補償。」智者又說。

「不行，我也不能失去雙手。」年輕人說。

「現在，你看到了吧，自己有多麼豐富的財富啊！」智者微笑著說。

故事教給了我們一個「退一步思維」的人生態度。生活中如果能降低一些要求，退一步想一想就能知足常樂。真正的滿足是內心的滿足，而不是物質的滿足，物質是永遠無法讓人滿足的。

慾望是充滿人的一生的，一個人不可能絕情滅慾，但也不能太過貪心。以較低的要求對待生活，生活是快樂的，人生是快樂的。古人說：「知足者常樂。」但在不知足時也要笑口常開。從山上看樹，樹很小；從地上看樹，樹就很高。不要有從山上看樹，樹也會高的強求。

人生有得也有失，如果你只想得到，不想失去，那麼得到就永遠也不會到來。放下失敗，抓住成功，就可以讓生命重放光彩。而這一切，需要你有一顆淡泊名利得失、笑看輸贏成敗的心。性格樂觀的人對得失看得很淡，他們認為「得」是勞動的結果，無論勞心勞力，「得」都是心願的實施，了卻了心願卻難免會失去追求。得到功名利祿的時候，滿心喜悅，但同時也失去了沉思與驚醒；得到婚姻的時候，愛情的光芒就會暗淡；得到虛榮的時候，靈魂卻在貶值；失去最愛的時候，便是得到永恆的回憶；失去依賴的時候，便得到人生必備的磨礪；失去憧憬的時候，便得到現實的追求。

對得與失的認知，看似平淡，卻反映出一種對人生的思考，對物質和精神關係的透徹理解。人的一生，就是得與失相互交織的一生。得中有失，失中有得，有所失才能有所得。

輸贏得失，只不過是彈指之間，不必太計較認真，只需一笑置之。人生在世，時光短暫，給自己騰出一個快樂的空間，讓心靈自由的飛翔。

4 順從自然的本心

人的需求其實是很低的，但人的慾望卻是無限膨脹的！人應該學會儘量滿足自己的需求，而盡可能的抑制那無限膨脹的慾望。順從自然的本心，快樂地生活！「知足常樂」不應該只是說說而已。

在大陸有一戶從農村來城裏打工的人家，男人做的是城裏人都不願做的清潔工，女的剛來時身懷有孕，生了孩子後就出去給人擦皮鞋。他們租住的房子，是一戶人家在圍牆邊搭蓋的簡易廚房，房子很小裏面只能放下一張雙人床，他們的傢俱都是別人丟棄的，根本就放不進房間裏面，只能放在屋外。就連吃飯的飯桌也沒有，有了也沒地方放，他們只能在屋外吃飯，有時將菜碗放在板凳上，有時乾脆炒菜的鍋就當盤子用在鍋裏吃。

他們是屬於那種城市貧民，是城市裏的邊緣人，可是他們看上去沒有一點愁苦的感覺。他們住的地方是宿舍大院的大門口，經常人來人往，那男的每天很開心的忙進忙出，跟來來往往的人們打著招呼、聊聊天，而且有求必應，特別的熱心，也特別的快樂，一臉的滿足。他們覺得他們的需求已經得到了滿足，所以他們很知足。

這對夫妻的財富和那些腰纏萬貫的人比起來一貧如洗，可是他們的快樂卻比腰纏萬貫依然愁容滿面的人多了許多，這是為什麼？

其實人的需求是很低的，遠遠低於人的慾望。你的房子再多再大，你也只能在一間屋子裏，一張床上睡覺；把世界上所有的山珍海味都擺在你的桌子上，你也只能吃下你胃那麼大小的食物；你的衣櫃裏掛滿了各式各樣的高檔名牌服裝，你也只能穿一套在身上；你的鞋子有無數雙，你也只能穿一雙在腳上；你的汽車有無數輛，你也只能開著一輛在街上跑……

可是，人們追求物質享受的那種無窮盡的慾望，有時卻使人們的財富變成一種累贅。買了大房子還想買更大的房子；屋子裝修了一遍又一遍；汽車換了一輛又一輛；傢俱換了一套又一套；家用電器更新了一代又一代。不是因為別的，只是因為有錢，只是希望那些東西、那些身外之物看上去更氣派、更豪華、更先進。

每個人都有選擇自己生活方式的權利，這無可厚非。但如果你那無限膨脹的對財富的慾望，影響了你的健康、你的愛情、你的婚姻、你的家庭、你的快樂，讓你整天為此疲於奔命，讓你寢食難安，帶給你無限的煩惱。更有甚者，如果這種慾望變成了一種無法滿足的貪慾，並促使你走上了犯罪道路，不僅毀掉了自己的一生，甚至還賠上了性命，那麼這種生活方式對你來說就太不值得了！

「一念之慾不能制，而禍流於滔天。」這是源於聖經的經典，世界其實很簡單，錢本無善惡，錢能買到房子，但買不到家；錢能買到藥品，但買不到健康；能買到床，不能買到休息，錢不是萬能的！人生必不可少的東西其實是很少、也很便宜的。認識清楚了這一點，我們就可以活得從容一些，不那麼忙碌，不那麼心浮氣躁。因為不管社會怎麼發達、物價如何上漲，你只要具備一顆平常心，只追求一種平常生活，做到一生衣食無憂就是一件很簡單的事情。

5 放下那些無謂的堅持

我們心中的慾念常常使我們放不下，內心的慾望與執著使我們一直受縛，我們唯一要做的，只是將我們的雙手張開，放下無謂的執著，就能逍遙自在了。

執著二字，對人生來說是十分重要的。所有的人，也都十分重視執著二字。在悠悠的歷史長河裏，無數的賢人哲士都是這樣教導我們的：人生路上不設定目標不行，目標選定後沒有勇氣不行，光有勇氣沒有千斤壓頂不彎腰的執著精神不行。世間萬事唯有執著的追求，才能使目標實現。由於我們長期受此教育，所以，執著二字在人們的心中是根深蒂固的。

一個女孩為了自己喜歡的男孩，她跑到上帝面前，懇請上帝能給她機會做一棵樹，就在男孩家的門前，這樣她就能天天看到他了。女孩的執著感動了上帝，於是女孩變成了一棵樹。女孩能天天看到他所深愛的男孩，一年過去了，兩年過去了……

可是男孩從來沒正眼看女孩一眼，每到秋天女孩都會哭，她那枯黃的淚隨著秋風飄下，女孩是多麼希望男孩能擁抱她一下啊。可是女孩卻一次次的失望，她不甘心，她又跑到上帝面前，再次懇請上帝，希望自己變成一塊石頭能讓男孩歇歇腳，於是女孩變成一塊在男孩家門口的石頭。

同樣，男孩還是不看她一眼，風吹雨打，飽經風霜，女孩從無怨言，由於她太傷心了，終於因憂鬱而崩潰了，就在這時，珠寶商人看見了她的心，那是一個十分名貴的藍水晶。後來，這個水晶被加工成一枚名貴的戒指，而戴上它的卻是男孩的女朋友，是男孩送給女孩的結婚戒指，女孩這次真的傷心欲絕，她不知道自己哪裡錯了，也不知道為什麼世界這樣的不公平，自己多年的等待換來的卻是一場空。

上帝來了，祂問女孩，妳沒有覺得自己很傻嗎？女孩哭了，她真的覺得自己很傻，就在這時，上帝告訴女孩，另外有一個男孩，為妳守候更長時間了……

放棄執著，不是你對現實的投降，而是你將你的境界調整到一種更高的層次，將自己的心態處於一種少煩惱的狀態。讓自己不管處於什麼樣的困境，遇到什麼樣的煩惱，碰上什麼樣的悲傷，都能以放棄執著的心態，將這些困境、煩惱、悲傷都不放在心上。因為放棄了執著，就沒有了為我的動機，沒有了為我的動機，就不會存在為他的動機，無我無他就是一種超越自我和超越現實的境界。當然這不是一件容易的事，但在無奈和殘酷的現實面前，你不懂得放棄也許就意味著毀滅。

生活中，有些人總想什麼都得到，凡事都非常的放不下，結果越是放不下，越得不到。而有些人凡事都隨遇而安，不但可以絕處逢生，而且能夠抓住機遇，獲得意想不到的成就。

還有比如子女升學，家長的心會放不下；又比如老公升職或者發財，老婆也會忐忑不安放不下心，怕男人有錢會變壞；再如遇到挫折、失落或者因為說錯話、做錯事受到上司和同事指責，以及好心被人誤解受到委屈，於是心裏總有個結解不開、放不下等等。總之有些朋友就是這也放不下，那也放不下，想這想那，愁這愁那，心事不斷，愁腸百結。

在通常情況下，放得下主要表現於以下幾方面。

財能否放得下。李白在《將進酒》詩中寫道：「天生我材必有用，千金散盡還復來。」如能在這方面放得下，那可稱是非常瀟灑的「放」。

情能否放得下。人世間最說不清道不明的就是一個情字，凡是陷入感情糾葛的人，往往會理智失控，剪不斷，理還亂。若能在情方面放得下，可稱是理智的「放」。

名能否放得下。據專家分析，高智商、思維型的人，患心理障礙的比率相對較高。其主要原因在於他們一般都喜歡爭強好勝，對名看得較重，有的甚至愛名如命，累得死去活來。倘若能對名放得下，就稱得上是超脫的「放」。

愁能否放得下。現實生活中令人憂愁的事實在太多了，就像宋朝女詞人李清照所說的：「才下眉頭，卻上心頭。」憂愁可說是妨害健康的常見病，多發病。狄更斯說：「苦苦的去做根本就辦不到的事情，會帶來混亂和苦惱。」泰戈爾說：「世界上的事情最好是一笑了之，不必用眼淚去沖洗。」如果能對憂愁放得下，那就可稱是幸福的「放」，因為沒有憂愁的確是一種幸福。

寵辱不驚，看庭前花開花落；去留無意，望天上雲捲雲舒。讓我們一起來學會「放得下」，以此來增強我們的幸福的感覺吧。

6 拿得起，放得下

我們常說：「拿得起，放得下。」其實，所謂拿得起，指的是人在躊躇滿志時的心態；而放得下，則是指人在遭受挫折或者遇到困難以及無奈之時，應採取的態度。一個人來到世間，總會遇到順逆之境、進退之間的各種情形與變故的。「不以物喜，不以己悲」，有了這樣一種心境，就能對大悲大喜、厚名重利看得很小、很輕、很淡，自然也就容易放得下了。

是啊，該放棄的不放棄，有時候反而是你的一種負擔，你什麼都想擁有，最終有可能一無所有。生活給予你的是有限的生命，有限的資源，所以你必須放棄一些不該擁有的，選擇一些適合你自己應該擁有的，想擁有的太多，你的生命將何以堪？什麼也不願放棄的人，常常會失去更有價值的東西。

不要把你的生命浪費在最終要化為灰燼的東西上，放棄那些不適合自己去充當的角色，放棄束縛你手腳的那些沉重包袱。用你旺盛的精力和靈光的智慧去追求你真正應該有的東西，十分努力地做好自己應該做的事情，追求自己的人生目標，實現自己的人生價值。

你是否抱怨生活太累太累，其實是你沒有學會有所放棄，你何不嘗試放棄一些包袱和拖累，而輕裝前進呢？

放棄那些包袱和煩惱，你就會心情放鬆。放棄會使你變得更精明，更能幹，更有力量。你可以從自身的條件和所處的環境出發，做你自己力所能及的事情，倘若有不切實際的事情，那你就要勇於放棄。**因為，放棄是走向生活的另一個起點，放棄並不意味著失敗，而是另一個希望的誕生。**

放下是一種覺悟，更是一種心靈的自由。

生命如舟，人的一生載不動太多的物慾和奢求。放棄那些根本不可能實現，或帶你走上悲劇性道路的慾念吧？不然，生命之舟就有翻覆的危險。在放棄之後，你會發現人生更加輕鬆且堅強！

放棄那段令你困惑煩惱的情感吧！既然那段歲月已悠然遁去，既然那個背影已漸行漸遠，又何必要在一個地點苦苦守望呢？揮一揮手，果斷的放棄，勇敢的向前走，前方有更美的緣分之花在專門為你開放！

學會放棄吧！放棄失戀的痛苦，放棄受辱後的仇恨，放棄滿腹的抱怨，放棄心頭難以言語的苦澀，放棄費神的爭吵，放棄對權力的追逐，放棄名利的爭奪……

生活中，外在的放棄讓你接受教訓，心理的放棄讓你得到解脫，生活中的垃圾既然可以不皺一下眉頭就輕易丟掉，情感上的垃圾也無需抱殘守缺。

學會放棄吧！朋友，在物慾橫流的今天，許多事情需要你做出選擇，而有選擇就會有放棄。要想得到野花的清香，必須放棄城市的舒適；要想達到夢的彼岸，必須放棄清晨甜美的酣睡；要想重拾往日羊腸小徑的溫馨，必須放棄開闊平坦的道路……人生苦短，若想獲得必須放棄，放棄可以讓你輕裝前進，忘記旅途的疲憊和辛苦；放棄可以讓你擺脫煩惱憂愁，整個身心沉浸在悠閒和寧靜中。

放棄不僅能改善你的形象，使你顯得豁達開朗；放棄也會讓你贏得朋友的信賴，使你變得完美堅強；放棄會帶給你萬眾矚目，使你的生命絢麗輝煌；放棄會使你變得聰明、能幹，更有力量。

學會放棄吧！凡是次要的，枝節的，多餘的，該放棄的都要放棄。

7 放棄也是一種美麗

一個女孩失戀了，哭著去見上帝。上帝問她：「妳為什麼這麼難過？」

「他離開我了。」

「妳還愛他嗎？」女孩用力點了點頭。

「那他還愛妳嗎？」女孩想了想，哭了。

上帝微笑著說：「那麼該哭的人是他，妳只不過是失去了一個不愛妳的人；而他失去的是一個深愛他的人。」

這個故事恰如其分的告訴我們，如果失戀分手了，請不要哭泣！當愛已成往事，瀟灑的和他說再見吧！

喜歡一個人就要讓他快樂，讓他幸福，使那份感情更誠摯。如果你對一份感情過於貪婪甚至瘋狂，那你還是放手吧！要有勇氣學會放棄，因為放棄也是一種美麗。

許多事情，總是在經歷過以後才會懂得。一如感情，痛過了，才會懂得如何保護自己；傻過了，才會懂得適時的堅持與放棄。在得到與失去之中，我們慢慢的認識自己。其實，生活並不需要這麼無謂的執著，沒有什麼真的不能割捨；學會放棄，生活會更容易。

每一份感情都很美，每一段相伴也都令人迷醉。是不能擁有的遺憾讓我們更感眷戀，是夜半無眠的思念讓我們更覺留戀。感情是一份沒有答案的考卷，苦苦的追尋並不能讓生活更圓滿。也許一點遺憾，一絲傷感，會讓這份考卷更雋永也更久遠。

收拾起心情，繼續走吧。錯過太陽，你將獲得星星；錯過他，我才能遇見你。繼續走吧，你終將收穫自己的美麗。

愛情沒有永久的保證書。有個男士飽受一位前女友的騷擾，騷擾範圍之廣，等於古代的「誅九族」，所有親戚朋友都備受這位不甘離去的女友的電話騷擾。後來他親自去懇談和解時才發現，原來他的前女友已經有了新的同居人。她自己有新歡，但就是不讓他輕鬆如意。新的已來，舊愛還不願割去。

還有一個令人震驚的例子，一位在婚姻關係中不斷有外遇的丈夫，在與前妻離婚後，過了幾年還來潑前妻硫酸，導致前妻一眼失明，全身百分之四十灼傷。她失去了工作，嚴重地破了相，還要撫養兩個孩子，更擔心因傷害罪入獄的前夫假釋出獄時，繼續傷害她。更可怕的是，她的前夫沾沾自喜的叫人傳話過來：「現在妳沒人要了，我還是可以要妳，妳乖乖的把孩子帶好……」

一個永遠不想失去你的人，未必是愛你的人，未必對你忠心耿耿。有時只是一個腦袋不清的強烈佔有慾者，他們會做出各種「損人不利己」的事情，還如此理所當然。

在心中如果有「曾經擁有就永遠不要失去」的偏執狂與佔有慾，越想要獲得愛的永久保證書，就會越走越偏離良心。

有時候，為了強求一樣東西而令自己的身心疲憊不堪，是很不划算的。況且，有些東西是「只可遠觀的」，一旦你得到了它，日子一久你會發現其實它並不如原本想像中的那麼好。如果再發現你失去的和放棄的東西更珍貴的時候，你一定會懊惱不已。所以也常有這樣的一句話，「得不到的東西永遠是最好的」。所以當你喜歡一樣東西時，得到它也未必是你最明智的選擇。

凡事不必太在意，更不需去強求，就讓一切隨緣。**逃避，不一定躲得過；面對，不一定最難過；孤獨，不一定不快樂；得到，不一定能長久；失去，不一定不再擁有。**可能因為某個理由而傷心難過，但你卻能找個理由讓自己快樂，兩個人不能快樂，不如一個人快樂；兩個人痛苦，不如成全一個人的快樂。

8 無所求，是一種境界

道家的「無為」並非是「無所作為」、「碌碌無為」，什麼事也不做，只是不做那些愚蠢的、無效的、無益的、無意義和有傷害的事。無為是一種超然的智慧，它又體現為一種快樂原則。因為只有「無為」才能擺脫世俗名利的纏繞和羈絆，才會不為名利所累、金錢所惑，才不會自尋煩惱。當然這裡並不是說，人們不應該去追求功名。無論是為官從政，還是經商下海，人人都想功成名就，這是正當的追求無可厚非。說「無為」，是「而治」的無為，在名利問題上要拿得起，放得下，一邊享受著名利，一邊又不為名利所困擾、所羈絆。

無為的要義在於使自己脫離低級趣味，不糾纏於雞毛蒜皮之事，不醉心於蠅營狗苟之當。一個事無巨細都上心都操勞的人不會有成績，一個斤斤計較於蠅頭小利的人不會有作為，一個熱衷於關係學的人不會有真正的建樹，一個拚命做表面文章的人不會有深度，一個孜孜求成的人反而成功不了。一定要放棄許多誘惑，不僅是聲色犬馬消費享樂的誘惑，而且是小打小鬧急功近利的做事的誘惑，才能有所為。有意栽花花不活，無心插柳柳成蔭，這正好說明強求而不得。

許多的時候，我們對生前身後的功名期待頗多。對於前世，我們會埋怨父母沒有把我們生養在富貴之家，對於後世，總是抱怨子孫們不能個個如龍似鳳，但我們更多的不滿足還是來自於自身。我們為什麼會這樣強求呢？這其實是慾望的驅使，是幻想的衝動，是不切合實際的索取。

無所求是一種境界。無所求的人總是微笑著面對生活，在無所求的人眼裏，世界上沒有解決不了的問題，沒有淌不過去的河，他們會為自己尋找合適的台階，而絕不會庸人自擾。無所求是一種大度。大度能容天下事，在無所求的人眼裏，一切過分的紛爭和索取都顯得多餘。在他們的天枰上，沒有比知足更容易求得心裏平衡了。

無所求是一種寬容。對他人寬容，對社會寬容，對自己寬容，這樣才會得到一個相對寬鬆的生存環境，這難道不值得慶賀嗎？知足常樂，此之謂也。

其實，幸福是一種感受。人們不要忽略了就在身邊的幸福。比方，一個美滿的家庭，成員同舟共濟，一片溫馨氣氛；一份尚可的薪水，雖然日子過得緊一點，但粗茶淡飯全家與疾病無緣；祖上不曾顯赫過，更沒有遠涉重洋的經歷，但卻留下為人要靠自己誠實勤勞的遺訓，活得分外踏實；父母沒大本事，沒有能力庇蔭自己，入仕高升，但卻教給自己樂觀向上、誠摯待人，因而人際關係融洽自在；乃至生個孩子，不是天才，但卻懂得孝順父母，自重自愛，令父母省去了許多麻煩等等。我們身邊的幸福無處不在，這些看來似乎都很平淡，卻恰恰是普通人正在享受的幸福，只不過人的感受不同而已。有的人感覺到了，確實幸福只是一種感覺；有的人卻完全沒有感覺到，他們抱怨生活總是虧待了自己。

現在有一個很流行的說法，是不要活得太累。這話的意思大概是告誡人們不要自尋煩惱，而要自尋樂趣，活得自在一些。那麼，無所求便是最高意義的追求，達到此境界，必能領會快樂的真意。

9　平淡的日子，不平淡的感覺

我們時常抱怨每天的生活平淡無味，其實，這不過是發現了一個真理—生活原本就是平淡無奇的。人之所以會有不同的生活，當然是由於多種因素的影響，但從根本上說是由於有不同的心態。任何人的生活都有一個常規，而這個常規意味著每天要過同樣的生活，平淡無奇的生活。曲折是有的，高潮是有的，但更多的還是平淡無奇，甚至是充滿艱難困苦、需要拚搏的生活，這就要靠一顆從容穩定而又積極熱情的心去體驗。

生命只有一次，時間無比寶貴，你出多高的價錢也買不回來。你覺得日子平淡，事情不如意，或者什麼事情自己沒有做好，這有多大的關係？抓住現在，重新開始。小孩子堆積木，喜歡推倒重來。我們也要積極探索，多幾次新的嘗試，正視生活中的一切。現實不可改變，那就接受；接受下來，再去尋求改變的可能。沒有過不去的事情，你仔細的想想，是不是這樣？

人世間的不幸和悲劇除了戰爭、災難和犯罪之外，主要是由什麼因素造成的？不正是由陳腐的觀念和不良的情緒造成的嗎？不妨想一想，你所認識的那些感到幸福和自由的人，他們似乎在任何一處都能找得到快樂，其奧秘何在呢？

為了揭穿這個奧秘，我們可以做個小遊戲。你口袋裏有一枚一元的硬幣，一般你不會珍惜，丟失了也不會在乎。但是，當它滾落到某個角落裏或者水溝裏，你花了一番力氣終於找到它，於是，它就變得比原先寶貴了；這就是尋找快樂的奧秘。快樂和不幸是事情和個人所選擇、期望的目標相符合的結果。目標越重要，實現它的困難就越大，一旦達到目的，如願以償，愉快的感覺也就越強烈。

有選擇才有目標，有追求才有興趣，有付出才有收穫。如果不是這樣，你說生活有什麼意思？

沒有錢，簡直要命，當然會使生活變得更加沒有意思。有了錢，就有意思，但這意思就在於為了賺錢而付出了辛苦。如果一個人終日養尊處優，無所事事，他也同樣會感到生活乏味沒有意思。

沒有下海的人會說那下海的弄潮活得有意思，可是已經在商海裏撲騰了幾回，發現賺錢很難的人又會說，海上風光如海市蜃樓，也沒有多大意思。

由此可見，問題不在於生活本身有沒有意思，而在於你以什麼樣的心態、意識去感受，在於你有沒有選擇的興趣和追求的信心。平淡的日子，你可以有不平淡的感覺；沒有意思的事情，你可以尋求它的有意思之處。

10 平靜是一種幸福

錢鍾書先生說：「婚姻就像個圍城，城裏的人往外擠，城外的人往裏擠。」生活中也是如此，身居繁華都市的人，往往追求寂靜的田園生活；而身在林深竹海的鄉下人，卻又是嚮往燈紅酒綠的都市生活。

其實，平靜是福，真正生活在喧囂吵鬧的都市的人們，可能更懂得平靜的彌足珍貴。與平靜的生活相比，追逐名利的生活是多麼不值得一提。平靜的生活是在真理的海洋中，在爭流波濤之下，不受風暴的侵擾，保持永恒的安寧。

心靈的平靜是智慧美麗的珍寶，它來自於長期、耐心的自我控制，心靈的安寧意味著一種成熟的經歷，以及對於事物規律的不同尋常的瞭解。

很多人嚮往平靜，然而生活中因為有名譽、金錢、房子等，在興風作浪而難得寧靜。許多人整日被自己的慾望所驅使，好像胸中燃燒著熊熊烈火一樣。一旦受到挫折，一旦得不到滿足，便好像掉入寒冷的冰窟中一般。生命如此大喜大悲，哪裡有平靜可言？人們因為毫無節制的狂熱而騷動不安，因為不控制慾望而浮沉波動。只有明智之人，才能夠控制和引導自己的思想與行為，才能夠控制心靈所經歷的風風雨雨。

是的，環境影響心態，快節奏的生活，無節制的對環境的污染和破壞，以及令人難以承受的噪音等等都讓人難以平靜，環境的攪拌機隨時都在把人們心中的平靜撕個粉碎，讓人遭受浮躁、煩惱之苦。然而，生命的本身是寧靜的，只有內心不為外物所惑，不為環境所擾，才能做到像陶淵明那樣身在鬧市而無車馬之喧，正所謂「心遠地自偏」。

一個人如果能拋開雜念，就能在喧鬧的環境中體會到內心的平靜。

有一個小和尚每次坐禪時，都幻想有一隻大蜘蛛在他眼前織網，無論怎麼趕都趕不走，於是他只好求助師父。師父就讓他在坐禪時拿一支筆，等蜘蛛來了就在牠身上畫個記號，看牠來自何方。小和尚照師父交待的去做，當蜘蛛來時他就在牠身上畫了個圓圈，蜘蛛走後，他便安然入定了。

當小和尚做完功課一看，卻發現那個圓圈在自己的肚子上。原來困擾小和尚的不是蜘蛛，而是他自己，蜘蛛就在他心裏，因為他心不靜，所以才會感到難以入定，正像是佛家所說：「心地不空，不空所以不靈。」

平靜是一種心態，是生命盛開的鮮花，是靈魂成熟的果實。平靜在心，在於修身養性；氣平，靜無處不在，只要有一顆平靜之心。追求平靜者，便能心胸開闊，不為誘惑，坦蕩自然。

平靜是一種幸福，它和智慧一樣寶貴，其價值勝於黃金。真正的平靜是心理的平衡，是心靈的安靜。

11 追求簡單的人生

現實社會是一個複雜的：複雜的人心、複雜的政治、複雜的媒體、複雜的法令、複雜的理財、複雜的產品、複雜的人際關係……。在全球化時代，現在已不可能以「不變應萬變」，對付複雜只有靠簡單。面對牛毛般的法令，簡單的對策就是「不觸法」。面對糾纏不清的利益紛爭，簡單的對策就是「不參與」。面對層出不窮的誘惑，簡單的對策就是「不心動」。

天下本無事，庸人自擾之；做簡單的人，不世故，不虛偽，不自欺欺人，不在錯綜複雜的人際關係中作繭自縛；以平靜的心去對待世間的萬事萬物。做簡單的人需要真誠，需要勇氣，需要坦率，需要不斷捨棄心靈的累贅和迷茫。

追求簡單的生活，做簡單的人不是幼稚，不是退縮，不是頭腦簡單，不是不去奮鬥追求進步；而是要洗淨心靈的污垢，保持心靈的簡約與寧靜，不為紛繁所擾。做簡單的人是用自己的行動，去對生活詞典裏的一些詞彙做最簡潔明瞭的注釋，愛、幸福、快樂、希望、陽光、生命、真誠清靜、平等慈悲。就連這些優美的詞彙，也是別人給予的雅稱。做簡單的人愛和恨的心都已消失，他不愛某人也不恨某人，若見一切人惡之與善，盡皆不取、不捨也不染著，內外不住，來去自由，煩惱塵勞常不能染，永離妄想執著分別，無所住而生其心。然而你若來到他面前就能感覺到一種深深的愛散發著，那是一種單純的品質在散發，你想他是什麼，他就是什麼，依你的根基而感受，而起反應，對他恨不值得，對他愛更不值得，但是你若想要愛，那麼他就是全部的愛的化身，要智慧，他就是全部的智慧……

去簡單的生活，完全滿足於現狀，享受現有的生活，他沒有什麼想達成，做任何事都沒有動機，生活中的點點滴滴對於追求簡單生活的人來講，都是一種享受；他直接進入生活，面對生活，他不加分別的生活，他不想知道何謂生活，只會去經驗生活，讓生活來充滿他，他完全和生活同一體，他融入了整體之中。「我執」的空間已消失了，他所做的一切都是處在整體之中，他沒有得的感受，也沒有失的感受，生死的空間早已不復存在了，他雖說是活在當下，可是連當下的概念也不存在，他也會努力，也會發火，也會罵人，但這些又都不存留在他心裏。

做簡單的人就像太陽一樣，不會在意人們對他是好是壞，有人說他好，必然也會有人罵他壞，然而太陽並不會因為人們的譴責與讚歎而改變自己的軌道。

人類的痛苦幾乎大半都是來自於比較，將自己和周圍的人比較，自私自利，我執我見，嚴重困擾著人們，倘若能夠進入內在使靈性開花，那麼也就不會和外面的人事物比較了。簡單的人他喜悅、他寧靜、他滿足、他仁慈博愛，是因為他內在的靈性之花開放了。

其實，追求簡單也是一種生活哲學。人為物累，實在不是明智的選擇。擁有的財物超過實際需要太多便成為累贅，是沒有意義的。而現代人卻大多不這麼想，都像能活千秋萬代似的，有了這個要那個，走到這山看那山，欲山無頂欲壑無底哦，致使人們終日處於一種為了贏得的奔波忙碌之中，無暇一顧閒雲靜花。需知，一個人如果在慾望之口上走得實在太急太遠，就要喪失了起碼的自在，還何談享受生活？

人生已經夠複雜的了，令人頭痛的東西也足夠多的了。如果我們能夠追求簡單，或許就會走出繁複冗雜的生活，多獲得一些悠閒，從而遠離煩惱和痛苦。據說佛門大派臨濟宗的創始人義弦禪師向弟子們講法，說到佛禪的最高境界時，妙語驚人：佛法是無需用功，也無處用功的。佛法只是平常無事，屙屎撒尿，冷了穿衣，睏了睡覺……此語既出，不僅眾弟子訝然，便是塵世中人也會大感意外吧？然而，細品味禪師的話，卻道出了禪機：世上最玄妙複雜的往往也是最簡單的，佛法當然也不例外。簡單不僅是萬物的根基，簡單本身也是生命自在的。

說到這裡，不禁想起了一句話：「家有萬石糧，一日只吃三餐；家有千間房，一夜只睡一張床。」現在想來，這古樸的老話，和現代人開始追求過得簡單、享受簡單的生活理想，倒是殊途同歸呢。

簡單的生活實在是人生中的至美，一種值得追求的高境界。其實，人生在世我們的生活原本很簡單，只是由於人為製造的原因，才使之變得複雜起來；而這種複雜的生活又多是功名利祿惹的禍。還有一種使簡單的生活變得複雜起來的原因，就是狹隘的心胸與偏執的心態使然。

其實，真正追求簡單的人是最容易成功的。再聰明的人都無法認清世間萬象，運轉再快的頭腦也跟不上世界萬物的變化；所以老子要求人們「以靜制動」，「以不變應萬變」，還要「大智若愚」。如此才能掌握世間萬物，掌握我們自己。這並不意味著不行動，而是要我們不動聲色、不顯山露水，不做無謂的爭鬥。

追求簡單的生活不是糊塗而是智慧，生活永遠不會平靜也不會簡單，但需要我們從中尋求平靜，化繁為簡是需要一種智慧的；莎士比亞曾說：「簡潔是機智的靈魂。」簡單不是淺陋而是美好。生活不正是如此嗎？最簡單的裝扮往往是最美的，最簡單的話語往往是最真誠的，最簡單的行為往往最能打動人心。

12 用心靈感受生活

只要我們用心去體驗、去感受生活，就會少一點抱怨，多一點享受；就會少一些煩惱，多一些快樂。

生活既是人的對手也是人的朋友，你怎麼對待它，它便會以其人治道，還治其人之身。作為對手，生活經常會給你出個難題，在你前進的方向設下陷阱，但是只要你用心對它，便能行走自如，便能征服它，把它變為你的朋友；作為朋友，只要你笑對人生，它便會時常讓你嘗到生活的美好滋味，讓你體驗生活的快樂。總之，只要用心生活，生活便會把你當作永遠的朋友。

用心生活就要專心做事，就像獅子撲羚羊要全力以赴，更要像小鳥築巢時埋首工作。專心做事的人，像是在從事一門藝術，他能看到生活中最美好的風景。一名農夫在偏遠農村待了一輩子，從來沒有離開過這片土地，從來沒有去過大城市。當一位前去採訪的記者問他是一輩子都住在這種惡劣的環境中，沒有離開過大山，是否感到遺憾時，他回答說：「沒有遺憾，我每天都感到很快樂！」

生活是要用心靈去感受。用包容、豁達的心情看待生活，即使處於生命的低谷，也會覺察到人生的美好與幸福。

用心感受生活，就要規劃自己的人生並努力追求，努力實現自己的人生目標；就要勇往直前，義無反顧，向看似不可能的事情挑戰；就要充滿愛心，懷著一顆真誠的心去生活。

用心感受生活，就要品嘗生活的原滋原味，接受生活的所有賞賜。不能挑肥撿瘦，有所偏袒。有的人一生追求名利，終生為之而奮鬥。如果他成功了，那他也只能體味到名利的滋味，但這絕不是生活的全部，絕不是生活的原滋原味。事業的成功，剝奪了他與親人相處的時間；剝奪了他真正感受生活的時間，也剝奪了他人生的權利。有的人一生追求金錢，但最後窮得只剩下錢了，因為錢，連親情、友情、愛情都失去了，這樣的人生，又有什麼意義呢？

古代哲學家說過：「凡是存在的，都是合理的。」且不論這句話所包含的哲學思想對錯與否，它對於生活是完全適應的。生活中的一切，不論是苦難還是芬芳，不論是煩惱還是快樂都有其存在的理由，我們都無法迴避，無法挑選，只能用心對待，只有這樣，才能真正體味到生活的美好滋味。正如有人喜歡吃酸，但如果整天讓他吃酸的話，恐怕幾天下來他就要叫苦連天，見酸後退了。生活也一樣，我們祈求天天好運，但如果整天把自己泡在蜜罐裏，也就感覺不到快樂了。苦難是生活的調味劑，是幸福的襯托，用心生活就不能迴避苦難。

第七章

進退自如，讓生命保持彈性

人生中難免有不如意的地方，這時候你不妨把生命彎成一張能屈能伸、彈性極佳的弓，以平和的心態去坦然面對一切。

1 能上還要能下

人要生存，要憑藉著很多條件，這些條件既有層次較高的，也有層次低一點的。如果你所依附的條件沒有最好的，不要去強求。有時低一點的條件反而更適合生存。

同樣，在人生的舞台上，不論是上台，還是下台，如果都能自在自如，那便是難得的大境界。

生活中從血緣關係繁衍出的爺爺孫子的輩分不能改變，但一個在社會中充當的「爺爺」或「孫子」，也就是當官的也好，當下屬的也好全是在演戲。不可太認真，太執著，不論自己當什麼都應能根據現實條件冷靜面對，才是明智之舉。

某公司有這樣一位年輕人，有文化，有事業心，工作非常努力，人也很有才幹，大家都知道他很想當科長，同時也都認為他有當科長的能力。後來他真的被晉升了，看他每天辦公、開會，忙進忙出，興奮中難掩驕傲的神色。大家都替他高興，也希望他能更上一層樓。可是過了一年，他「下台」了，被調到別的部門當專員。據說，得知消息的那天，他鎖上辦公室的門，一整天沒有出來。當了專員之後，大概難忍失去舞台時的那種落寞，他日漸消沉，終日牢騷滿腹，後來變為一個憤世嫉俗的人，再也沒有升遷過。

事實上，人生的舞台本來就是如此；如果你的條件適合當時的需要，當機緣一來，你就上台了。如果你演得好演得妙，你可以在台上久一點，如果唱走了音，演走了樣，老闆不叫你下台，觀眾也會把你轟下台；或是你演的戲已不合潮流，或是老闆就是要讓新人上台，於是你就下台了。

上台當然自在，可是下台呢？難免神傷，這是人之常情，可是我們認為還是要上台下台都自在。所謂「自在」指的是心情，能放寬心最好，不能放寬心也不能把這種心情流露出來，免得讓人以為你承受不了打擊；你應平心靜氣，做你該做的事，並且想辦法精練你的「演技」，隨時準備再度上台，不管是原來的舞台或是別的舞台，只要不放棄，總是會有機會的。

另外還有一種情形也很令人難堪，就是由主角變成配角。如果你看看電影、電視的男女主角受到歡迎、崇拜的情況，你就可以瞭解由主角變成配角的那種難過心情。

就像人一生免不了上台下台一樣，由主角變成配角也是一樣難以避免，下台沒人看到也就罷了，偏偏還要在台上演給別人看。

由主角變成配角也有好幾種情形。第一種情形是去當別的主角的配角；第二種情形是與配角對調。這兩種情形以第二種最令人難以釋懷。

真正演戲的人可以拒絕當配角，甚至可以從此退出那個圈子，可是在人生的舞台上，要退出並不容易，因為你需要生活。

所以，由主角變成配角的時候不必悲嘆時運不濟，也不必懷疑有人暗中搞鬼，你要做的就是平心靜氣，好好扮演你配角的角色；向別人證明你主角配角都能演。這一點很重要，因為如果你連配角都演不好，那麼怎能讓人相信你還能演主角呢？如果自暴自棄，到最後就算不下台，也必將淪落到跑龍套的角色，人到如此就很悲哀了。如果能把配角扮演好，一樣會獲得掌聲，有研究沈從文先生的專家認為，沈先生的個性決定了他從事任何一種工作都會有成就。當群眾集會，人潮蜂湧而至，口號響徹雲霄聲打倒他的時候，沈先生仍然十分平靜，默默地認真做自己的工作。也正是有這種順其自然的性格，沈先生對拔草、打掃廁所、陪鬥審查等能應付自如。不難看出，順其自然是一種成功的性格模式，它不僅能使一個人適應各種環境，在無法改變客觀條件的前提下，透過改變自己的主觀狀態來求得人生的發展。

保持個性固然是正確的，沒有個性便沒有創造力，沒有主見，沒有獨立的人格，也就不會有深邃的思想。但成功者往往能在保持個性的同時，學會適當的順應，否則容易導致「出師未捷身先死」的悲涼。而只有能上能下，方能有效的保存實力，尋找機會，再展宏圖。

人生的機遇是變化多端難以預料的，起伏是難免的，有的時候逃都逃不過。碰到這種情況，就應該有「上台下台都自在，主角配角都能演」的心態，這就是面對現實的一種坦然，而且也會為你尋得再度發光的機會。

2 能進還要能退

馬嘉魚很漂亮，銀膚燕尾大眼睛，平時生活在深海中，春夏之前溯流產卵，隨著海潮浮到淺水面。漁人捕捉馬嘉魚的方法很簡單：用一張十寸見方、孔目粗疏的竹簾，下端繫上鐵墜放入水中，由兩條小艇拖著，攔截魚群。馬嘉魚的個性很強，不愛轉彎，即使觸入網子中也不會停止。所以一隻隻前仆後繼鑽入簾孔中，簾孔隨之緊縮。孔越緊，馬嘉魚越被激怒，瞪起雙眼，張開脊鰭，更加拚命往前衝，終於被牢牢卡死，為漁人所獲。

馬嘉魚的悲哀就在於牠不懂生存的進退之道。做人也是如此，面對現實要靈活，千萬不要一根筋，認定一條路走到底，有時退一步也許是你最明智的選擇。

有這樣一個例子：

文種是勾踐的重臣，為打敗吳國立下了汗馬功勞。他功成名就以後，仍然繼續仕於越王。其間范蠡曾寫給他一封信說：

「飛鳥盡，良弓藏；狡兔死，走狗烹。越王的長相，頸項細長如鶴，嘴唇尖突像烏鴉，這種人只可以與他共患難，卻不能同享樂，你現在不離去，更待何時？」

後來文種也稱病返鄉，但做得不如范蠡退隱徹底，他留在越國，其名仍威懾朝野，於是佞臣陷害於他，誣稱文種欲起兵作亂。越王也有「走狗烹」之意，故而以謀反罪將文種殺死。

只知進，不知退，久居高位，遭「文種之禍」者，又何止一人？此等人最大的弱點是心中始終有個小聰明，誤以為還能收穫名利。可見，能進也能退，是多麼重要。

說客出身的范睢任秦國宰相，以「遠交近攻」的策略，使秦國軍事力量日益強大，為秦國的發展做出了很大貢獻。

可是到了晚年，他卻出現重大失誤！他推薦的將軍帶領兩萬將士投降了敵人。投降乃是「誅連九族」之罪，推薦者也難逃其咎。范睢雖深得秦王信任而免於一死，但他心中一直忐忑不安。這時他的一位屬吏蔡澤勸慰說：「逸書裏有『成功之下必不久處』之說，您何不趁此時辭去宰相之職呢？這樣您不僅可保伯夷般清廉的名聲，又可享赤松子（傳說中的仙人）般長壽！若還眷戀宰相之位，日後必招致禍害！請您三思。」

范睢聽完大悟，於是請奏辭職並推薦蔡澤為相。

其實，無論在哪個領域，多種勢力在接觸與較量的時候，進取固然重要，但在很多情況下，屈與不爭更為必要。也就是說，有時候要忍辱負重，有時候要走為上計，這樣才能保全自己，甚至保全與自己相關的許多人與物。

生活中，有太多的事需要我們退一步，退一步才能擁有柳暗花明的豁然，退一步才能擺脫「只緣身在此山中」的局限，退一步才能避免成為籠中之鳥的悲哀。聖人如此，更何況是你呢？

流水在奔入海的途中，需要退步繞行以衝出重圍；運動員在跳遠之前，需要退步助跑以跳得更遠。所以，當你遇到困難時，退一步或許你的人生會更加精彩。這條路雖然行不通，但是你還可以再尋找另一條路，人生沒有死胡同。人生雖然短暫，但在這有限的時間裏，後面的路還很長。

常言道：「兩弊相衡取其輕，兩利相權取其重。」趨利避害，這也正是退一步的實質。

生活中，有時不好的境遇會不期而至，搞得我們猝不及防，這時我們更要學會退一步。退一步，放棄焦躁性急的心理，安然地等待生活的轉機，這是面對人生際遇所保持的一種適度的跳高。讓自己對生活、對人生有一種超然的關照，即使我們達不到這種境界，我們也要學會退一步，爭取活得灑脫一些。

人的一生需要我們退一步的時候有很多，古人云：魚和熊掌不可兼得。如果不是我們應該擁有的，我們就要果斷地退一步。幾十年的人生旅途，會有山山水水，風風雨雨，有所得也必然有所失，只有我們學會了退一步，我們才擁有一份成熟，才會活得更加充實、坦然和輕鬆。

3 退一步是灑脫，更是智慧

對於一個人的一生，不可能事事都如意、樣樣都順心，生活的路上總會有許多的坎坷。你的奮鬥、你的付出，也許沒有預期的回報；你的理想、你的目標，也許永遠難以實現。如果抱著一份懷才不遇之心憤憤不平；如果抱著一腔委屈怨天尤人，難免讓自己心態扭曲、心力交瘁，還不如「退一步海闊天空」。

退一步想，你就能站得更高、看得更遠；退一步想，能使你更清醒地認識自己；退一步想，就能夠使你找回曾經失去的自信；退一步想，能使你拋棄許多不必要的煩惱；退一步想，能使你戰勝一個又一個困難，取得一次又一次成功。退一步海闊天空，假如你遭遇到了不順心的事情，假如別人做了對不起你的事，假如你遭受到別人的嘲笑，你不妨退一步想想，這樣你就能夠每天有一個好心情。

有些時候，人們突然發現自己的人生陷入了一種僵局之中。有事業上的也有情感上的，有人際關係上的也有生活選擇上的。對於所出現的這些僵局，是內心的掙扎，是矛盾的雙方在激烈鬥爭的過程。為什麼掙扎和鬥爭？因為有所失有所得，因此患得患失。每個人或多或少都會遇得到這樣那樣的苦惱，或者選擇方面的苦惱。

比如在生活當中，失戀、未能晉升、財物被盜、子女不孝等。如果這時我們執意的按照自己的意願行事，不僅不能達到成功，還會引來不必要的煩惱，以致使自己的情緒消沉，生活上沒有一絲的樂趣，甚至還會出現心理疾病。相反，如果這時我們能採用退一步的方法，調整自己看問題的角度，改變一下思維方式，或許能心平氣和，使那些不順心的事很快消失，從而感到生活處處充滿陽光。

其實，生活本來到處都充滿著陽光，但是總有照不到的陰涼地方。假如你這次未能晉升，你可能會出現情緒消沉，怨天尤人，甚至還會造成心理方面的疾病。這時你若採用退一步的想法看這個問題，或許能改變一下你的生活。試想這次晉升名額有限，晉升的只有少數，大多數和你一樣該晉升的都沒有晉升。作為上司要照顧全局，這次沒有你的份，下次晉升上司有可能第一個會考慮你。再如，父母親總是抱怨子女不關心他們，不能經常回家看望。如果父母親為子女著想，就沒有這種抱怨了，子女們各有各的工作，工作又都非常的忙，根本不可能經常有空回來看望自己的父母，只要他們心裏想著父母親就該滿足了。

一個人生活在凡塵俗世，難免會有與別人為了一些事情碰撞，難免會讓別人誤會猜疑。你的一念之差、你的一時之言，也許被別人加以放大和責難；你的認真、你的真誠，也許被別人誤解和中傷。如果非得以牙還牙拚個你死我活；如果非要為自己的澄清辯駁導致兩敗俱傷，還不如「退一步海闊天空」。

做到「退一步海闊天空」。瀟灑的甩一甩頭髮，悠然的輕聲一笑，就會甩去煩惱，笑去恩怨。你會發現，天空仍然湛藍，生活依然十分的美好。

退一步，原來世界依舊美好。

退一步，整理好自己，路還很長，誰都只是在路上。

退一步，輕鬆一點，快樂一點，活著比什麼都強，健康的活著就是給自己最好的禮物。

退一步，別用心去想問題，讓自然去支配你的大腦，做想做的事情，別太計較，別太認真。

退一步，是灑脫，更是智慧。

4 學會沉默是一種成熟

人每天無論工作還是生活，都可能發生許多意想不到的事情，或開心，或工作不順，心境不佳，頗受挫折；或與同事朋友之間有了矛盾；或工作上的競爭壓力，或家庭的經濟壓力等等，都會影響著心情如天氣一樣多變。

如果這一天遇到高興的、可喜的事，自然心情怡悅、談笑風生，這種心情帶回家裏，什麼煩心的事都會化解。可是遇到不好的事情，心情自然也就黯淡、煩躁，回到家裏，身旁最親近的人又嘮叨個沒完，小小的口角也會讓矛盾激發、爭吵。

人要學會沉默大抵是因為做人難。試想，在人生的舞台上每個人都要扮演各種社會的角色，如在父母面前你是孩子，在孩子面前你又是父母，夫妻之間你不是丈夫就是妻子，在公司你不是同事便是上級或下級等等。又如，父母身體或心情不好無端對你發火，孩子貪玩學習不用功或在外闖了禍，妻子整日嘮叨沒完沒了的指責你這也不對那也不是，明明是上司錯了或沒經調查就怪罪於你，朋友對你發生了誤解正在火頭上而你又不便馬上解釋，你該怎麼辦？

過去，心理學家常常認為我們應該把自己的事情講出來，告訴別人，但現在人們逐漸發現在與別人的交往中，有時更需要忍耐和沉默。你必須認識到沉默與精心選擇的說詞具有同樣的表現力，就好像音樂中音符與休止符一樣重要。沉默會產生更完美的和諧，更強烈的效果。

學會沉默是一種豁達與涵養。友人相聚舉杯暢飲，酒至酣處特別是有年輕漂亮的女性在場，每個人都爭著發表高見推銷自我。這時不妨學會沉默，因為演說者不能沒有聽眾，當個忠實聽眾為朋友捧場，沒有人會認為你是啞巴。與人相爭言詞激烈，當問題辯到面紅耳赤誰也不服誰時，不妨學會沉默。因為事後平心而想，各人心中都有數。那種屙屎都想佔上風的人，勢必朋友會越來越少。

學會沉默是一種深沉的愛。夫妻之間齊眉舉案相敬如賓是斷然沒有的事，那是文人們痛感「唯女子與小人難養也」，於無奈中而自我營造的「烏托邦」。你想想，夫妻親昵耳鬢廝磨，即便「聖人」也有忘形之時，偶一露出短處便會被捏住。女人嘴碎且得理不讓人，一旦捏住短處便要隨時拎著抖落一番。這時不防學會沉默，只要看對時機，在恰當的時機投去深沉的一瞥或暗示，一切恩怨頓時煙消雲散；所謂相敬如賓此時才有實際的意義。

學會沉默是一種機智。明明心明如鏡，卻揣著明白裝糊塗，一問搖頭三不知。當說不說皆因火候未到，如不審時度勢自作聰明，往往聰明反被聰明誤。此謂世事洞明皆學問。

學會沉默是一種人格；學會沉默是一種境界；學會沉默是一種成熟……

在人與人的交往中難免有不幸被誤會了，遭遇到「眾口鑠金，積毀銷骨」的處境。沒關係，放寬心。泡壺茶，聽聽音樂，就算全世界都懷疑你，只要你自己問心無愧，又何必挖空心思，費盡力氣，想要證明自己的清白呢。清者自清，相信事實總會勝於雄辯。等到水落石出的那天，你得到的將是人們滿滿的尊敬與讚賞，一切曾經的不愉快，將會一瞬間煙消雲散。這就是沉默是金的魅力，不妨學會沉默。

5 人生需要留點空白

對於「空白」這個詞，其本身是一種藝術的表現手法。著名畫家黃賓虹頗有心得的說過：「看畫，不但要看畫之實處，而且要看畫之空白處。」中國畫最忌滿塞，講究留空白，國畫大師們的空白能空出一種藝術靈性。比如，畫河流悠悠然而遠去，那遠處便是一片空白，白茫茫空落落越遠越寬，視野開拓，富有流動美和想像美。寫文章有一種修辭手法叫「留白」，其實質上指的就是空白，留出一點藝術的空白，從而讓讀者自己去填補、去揣摩、去深思、去想像。

《紅樓夢》第九十八回寫道：「探春過來，摸了摸黛玉的手，已經涼了，連目光都散了。探春紫鵑正哭著叫人端水來給黛玉擦洗，李紈趕忙進來了。三個人才見了，不及說話。剛擦著，猛聽黛玉直聲叫道：寶！寶玉！你好……說到『好』字，便渾身冷汗，不作聲了。」「寶玉！你好」中的「好」字後面難以言盡的話語，到底是些什麼呢？根據黛玉與寶玉極其深切的愛情關係，黛玉要說的很有可能就是：「寶玉！你好糊塗啊！

你平時那麼聰敏機靈，怎麼如今卻輕易受人愚弄和哄騙！你難道真的把寶姐姐當成了你的林妹妹！」也可能是：「可恨你這個寶玉！你辜負了我對你的一片痴情！」此處還可能「無聲勝有聲」：既包含她對寶玉深深的愛，更有對薛寶釵在愛情上的勝利所產生的嫉恨和隱痛等等。林黛玉此時感情非常複雜，不願說清楚；或者說，說清楚了不如不說為好。這給讀者留下了無比豐富的想像餘地，這些都是「留白」的藝術追求。戲劇不僅有靜場同時還有潛台詞，可以稱得上是一種內涵豐富的空白。詩歌講求語言含蓄，藏而不露，錢起的「曲終人不見，江上數峰青」，所表現的也正是空靈之美。

實質上，空白並不空，而是一種充實，一種色彩。當代的散文家楚楚，說空山不空，說是空山，有誰肯信：「有的是奇山異水，洞天佛地，摩崖薈萃，佳茗飄香，千古之謎、美妙傳說。看也看不盡、聽也聽不齊、數也數不完，五官身心可謂是全都佔滿了，如何輕易一個空字了得？」有空處便可填充，便可揣摩，便有追求。耳空才能更好地聽聲，鼓空才能發聲，山空才能引起人們豐富的想像。

長久之離別就勝於新婚，情意綿綿不可支，是因為離別是共同生活的熾熱感情的間隙，空白中有如牛郎織女在期盼七夕，充滿著濃濃的思念與甜蜜的回憶，同時也是重逢之鋪墊。「兩情若是久長時，又豈在朝朝暮暮。」分隔一段，再而相聚，倍感恩愛更深沉、更珍重。情書中有省略號，也是空白。欲言又止，隱含著勝似萬語千言的表白，比直接說出來的情話更耐人尋味。諺語「滿招損，謙受益」中的謙虛也是一種空白，空才能得益。通常說，為人做事要謹慎謙虛，要把握分寸，留有餘地，其實質上也是一種生活的空白。

我們評論一件事、一個人，應當實事求是，留有餘地去評價。切勿喜歡起來，什麼都好；討厭起來，又一無是處。如此，眼前不吃虧，將來必知禍從口出。為人做事謹慎謙虛，留有餘地，不說過頭話，不做心力用盡的事，則隨時可以應付意外的情況。因為對人而言，強中自有強中手，人不能自命天下第一。

平時我們在人與人交往的過程當中應留點空白，為他人留點空白，才能友好的與其相處；給自己的生活留點空白，這樣的人生才能夠過得快樂。

每個人都是感情動物，有喜有悲，有愛也有恨。給自己留點空白，才能夠使自己的心靈更暢快地呼吸。當你春風得意時，留點空白給思考，莫讓得意沖昏頭腦；當你痛苦時，留點空白給安慰，莫讓痛苦窒息心靈；當你煩惱時，留點空白給歡樂，煩惱就會煙消雲散，笑容便會增多；當你孤獨時，留點空白給友誼，真誠的友情是第二階段的自我。每個人都是這樣，痛苦可以忍受，淚水可以恣情，但自己千萬不要灰心、低頭、停滯不前。當生活把你逼上狹窄的小路，那麼就請留點空白、留點光亮給心境，這樣小路自然就會變為寬廣的大道。

遇事留出點空白，讓出三分，自己對他人多一份愛心；為他人留下三分寬恕，這樣人與人之間的人際關係就自然不會緊張；凡是那些能為他人留下設想的空白，世界就會多一分美好；一個願意為他人留出一些空白的人，自己便能生活得舒泰安樂。我們千萬不要忘記，你留給他人的空白，實際上也是為自己留下了出路。

人生舞台，風雲變幻，到處都會發生矛盾，都會發生紛爭，在世之人，有坦坦君子，也有戚戚小人，若是你沒有堅忍的心智，沒有寬容的胸懷，就無法與他人和睦相處。即便你一身清白，有德有才，也要允許他人的誤解；上司的刁難，同事的傷害……為此，只有弱者才會報復，如果你尋機報復，輕則別人對你敬而遠之，重則埋下怨恨的禍根，你將成為孤家寡人。倘若你能包容理解，為他人留下餘地，反省自身，剖析自己，矛盾就自然能夠迎刃而解，才能夠化干戈為玉帛，化誤會為理解與信任，化狹窄為廣闊，到最後能夠得到別人的尊重。

在現實的社會生活當中，每個人如果能夠給他人與自己留出一點空白，那麼他就會無怨無憂，知足常樂。其實，一個人只有工作往上比，才能夠看到自身所存在的不足；生活往下看，才能使自己感到滿足，不會去和別人進行攀比。平淡的生活，足以能夠滋養世人，粗茶淡飯具備人體所需的營養，就不必氣他人常吃山珍海味；自己有自行車騎，又能鍛鍊身體，就不必氣他人有汽車接送。人世間的事物紛繁，有領導者就有被領導者，有名人就有凡人，何必要與他人比高低？靠自己的誠實勞動，會獲得一份甜蜜的果實；過儉樸的生活，會貼近生活的本質，以至不迷失在光怪陸離的表面，從而使得你在一點一滴的回味之中，享受生活的美好樂趣。因此，我們為何不給自己與他人留點空白，求得一份生活的安寧，活得更開心，更快樂一些呢？

人生在世，對有些事情不需要刻意去面對，更不需要費心去思考細節，給他人給自己留更多的空白和餘地，留更多的靈氣，才會快樂、幸福的度過一生。留白，是一種人生的智慧，一種人的道德的修養，一種生命至高的境界，更是一種健康向上的人生。

6 凡事適可而止

任何事做到「適可」才是最好的。如果換一個積極的角度來詮釋這句話，就是一個人在得意的時候，給自己留條退路；一個人在失意的時候，給自己找條出路。這也正是我們通常所說的凡事都不要做盡。

有一位老人家，年已過了七十，身體卻相當硬朗，聲如洪鐘，雙目有神。打十二圈麻將眉頭也不皺一下。有人便請教這位老人家的養生之道，他就僅送出了一個字：「半。」

然而這個「半」字，隱藏著有什麼深刻的意思呢？

老人家解釋說：「對於『半』的內在涵義，就是凡事不可做盡。比如，生活當中的吃飯，不要吃得太飽，半飽是最理想；做事情，不要做到非常累了才休息。中午睡一睡，三點半喝杯下午茶，黃昏歡樂時光輕鬆一下，都是好的安排，讓身體的狀況永遠得到調整。正如一輛汽車的汽油，經常保持半滿的狀態。切勿每次亮起紅燈才去加油，這樣就會十分傷車。喝酒也是，最過癮是半醉。半醉的時候，望出去的世界介乎真與虛之間，顯得十分的奇妙；如果全醉，就自然會失去喝酒的意義。」

老人家這「半」字學問，確實是非常有道理的。有些人活得不開心，整天怨天尤人，唉聲嘆氣，對於其中的原因，很多都是對人對事過度執著，一定要最好，一定要完美，一定要十分。半點塵埃也容不下，如此做人態度，必然事倍功半，還會傷身折壽。

如果能夠為抱半日安，笑玩人間，輕鬆自在，則自然多半分鐘可活一倍命。

兩千多年前的老子說過：「甚愛必大費，多藏必厚之，知足不辱，知止不殆，可以長久。」這說明事物的發展規律是物極必反，事物太過壯大就會衰老，東西太過堅硬就容易折斷。他獨特的思想讓中國人堅信以柔克剛，以弱勝強的道理。如今在西方也流行「半杯主義」，它與老子的處世之道可謂是不謀而合。

留耕道人《四留銘》裏有這樣一段話：「留有餘不盡之巧以還造化，留有餘不盡之祿以還朝廷，留有餘不盡之財以還百姓，留有餘不盡之福以還子孫。蓋造物忌盈，事太盡，未有不貽後悔者。」高景逸云：「臨事讓人一步，自有餘地；臨財放寬一分，自有餘味。如此推理，所有的事情都是一樣的。」

這段話的意思是說，不要把技巧使盡，才容易得以去還造物主；不要把俸祿用盡，以還朝廷；不要把財物占盡，以留百姓；不要把富貴享盡，以留給後代子孫。高景逸曾經說：「遇到事只要讓人一步，其道路自然就會有周旋的餘地；辦事只要放的寬一點，自然就有其中的樂趣。」如此推而言之，世上一切的事情都是同樣的。

有位西方哲人說：「要想做好一件事，你最好盡四分之三的力量去做。」世上大多數的成功人士都贊成這樣的觀點，而且也正是按照這樣的觀點去做的。

其實，這與做其他的事情是同樣的，凡事在開始的時候都需要盡力的去準備，然而千萬不要做到全力以赴。兵家裏所說的窮兵黷武，往往說的是太全力以赴以至於血本都賠進去了。而搞實業的人就更加忌諱把全部的錢財都投入到某一項實業中。那些所謂的全力以赴之人並不一定就比使用四分之三力量的人更具有實力。

古人所謂「工夫在詩外」，是說文人做詩的好壞往往在於他的學問與閱歷的深淺，而並不是只在於其詩文的本身。《三國演義》當中的孔明站在空城上嚇退幾十萬大兵，並不是說他有萬夫莫敵的勇氣，而是因為他過去的神機妙算與自身的鎮定自如才嚇退敵兵。

諾貝爾文學獎獲得者海明威，有一個著名的冰山理論：大海之中的一座冰山，對於它本身來說其十分之七在水下，然而正是那十分之七的部分才托起了那十分之三，那十分之三巍峨又壯觀，令世人嘖嘖讚歎。人生也一樣，成功只是那十分之三，而十分之七是成功前的艱苦準備。成功並不在於你是否全力以赴，而在於你是否具有實力與事前充分的準備。一個沒有練過武功的人為報仇，急於與一個武功高深的人交手，即便他全力以赴了，最後的失敗也一定會是他的。

古人說，弓太滿則易折，對於一個人來說，為人處世也切忌全力以赴。要能夠做到給自己留一點餘地、留一分輕鬆，這樣你就自然會多一分從容、多一分灑脫，給自己留一條退路，失敗了也不會全軍覆沒。你只需要用自身四分之三的力量，這樣你足以是一個永遠的成功與勝利者。

生活當中的很多不快樂都並非是來自本身的不夠努力造成的，最大的可能是因為自己不懂得為自己留餘地造成的。

如果自己願意多留給自己一分輕鬆，在追名逐利的空間裏多抽出一點時間，經常抬頭看一看藍天白雲，追憶一下天真童趣，那麼心態就自然能夠變得更加的恬淡與平和。

有這樣一句富有哲理的話：「從來茶倒七分滿，留下三分是人情。」品茶以清心，清心以虛懷。給自己的心靈留下想像的空間，盛裝起美好的追憶；給自己的思想留下空間，從而去吸納更高深的智慧；給自己的事業留下空間，從而去擁抱人間更多的機遇。

7 做到隨遇而安

隨遇而安，是指能較好的適應周圍生活環境，無論有多麼大的變化也能入境隨俗，隨方就圓。

能隨遇而安的人遇到別人級別高、條件好及待遇優厚時不眼紅；遇到飛揚跋扈者能進能退，會鬥爭也會保護自己；遇到喜爭風吃醋愛佔便宜的人能常常儘量容忍，謙讓他人；遇到種種不良風氣而個人的力量又一時糾正不過來時能適可而止，不生氣，必要時也不妨「閉一隻眼睛」。這種人對自己與自家的一切生活現狀始終知足常樂，好到天天雞鴨魚肉不嫌膩，頓頓白菜豆腐也不怕太素。會隨遇而安的人一定能眼光遠大，胸懷廣闊，把世間的一切變化都看得很平常。所以，能隨遇而安的人必然長壽。

芬蘭特庫大學的科學家們就「生活的滿意程度和死亡率」，這一問題對二萬名芬蘭男性進行了追踪調查，調查的結果表明，凡是對自己的生活「隨遇而安」的人能多活整整二十年的時間。負責調查的特庫大學教授霍卡納說：「如果說男性的壽命和坦然處理生活中的挫折有如此密切聯繫的話，我認為，女性在這方面的忍受力比男性更強，她們無疑將更容易長壽。」

這位教授說，男性在遭遇挫折後，平息自己情緒的辦法常常是喝酒、抽菸，而女性的做法是找知心朋友哭訴或尋找心理醫生的幫助。這兩種截然不同的處理問題的方法，說明了造成男女生命期差異的一大原因。

調查報告以詳實的數據統計表明，對生活中的挫折長期憤憤不平的男性的死亡率，是那些「把酒臨風，寵辱皆忘」的男性的兩倍，如果因為心中不痛快而酗酒，他們提前結束生命的機率就更高。最後的結論是：升官發財固然可以帶來健康的體魄，但是如果沒有一顆平常心，不重視精神健康的話，一旦丟官破財，就意味著末日的來臨。

所以，長壽的秘訣就是我們通常不太提倡的「隨遇而安」。

「隨遇」者，順隨境遇也「安」者，一可理解為聽天由命，安於現狀；二可理解為心靈不為不如意之境遇所擾，無論何種處境，均能保持一種平和安然的心態，並繼續堅持自己的追求。前者之「安」，或許可以稱之為「消極處世」，而後者之「安」，則需要一種良好的心理調節能力，甚至需要一種超脫、豁達的胸襟，不是每個人都能做到的。

生活中拂逆的事情是很多的。俗話說：不如意事常有八九。人生際遇不是個人力量所可以左右的，而在詭譎多變、不如意事常有八九的環境中，唯一能使我們不覺其拂逆的辦法，就是使自己「隨遇而安」。

有一次，王先生從外地搭車回家。車到中途，忽然拋錨。那時正是夏天，午後的天氣悶熱難當，在赤日炎炎的公路上無法前進，真是讓人著急。可是，他當時一看情形，就知道急也沒有用，反正得慢慢等車修好才可以走。於是，他問了問司機，知道要二、三個小時才可以修好，就獨自步行到附近的海邊游泳去了。

海邊清靜涼爽，風景宜人，在海水中暢游之後，暑氣全消。等他盡興回來，車已經修好待發，趁著黃昏晚風，直奔歸途。之後，他逢人便說：真是一趟最愉快的旅行！

隨遇而安的妙處由此可見一斑，假如換了別人，在這種情形之下，怕是站在烈日之下，一面抱怨，一面著急。而那輛車既不會提早一分鐘修好，那次旅行也一定是一次最痛苦、最煩惱的旅行。

俗話說：「勝不驕，敗不餒，寵不喜，辱不驚。」這種格言的最大好處就是在遇到不愉快的事情時，能用來安慰開導一下自己。人生在世，很不容易，風風雨雨，坎坎坷坷，苦辣酸甜都可能遇到。因此，要保持一種隨遇而安的平常心態。這種心態並非消極的，而是提示人們在不斷進取中，無論是成功，還是失敗；無論是車水馬龍，還是門庭冷落；無論是輝煌奪目，還是默默無聞，都要有個良好心態，笑對人生，繼續拚搏。

所以說，一個人如果能不管際遇如何都不計較，都能保持快樂的心境，那真比擁有百萬家產更有福氣。

8　懂得轉彎是一種幸福

在我們的生活中，為什麼有的人很幸福，而有的人卻很痛苦？比如，一些人即使大富大貴了，別人覺得他很幸福，但他自己卻身在福中不知福，心裏老覺得不快樂；有的人在別人眼中認為他離幸福很遠，而他自己卻時常與快樂邂逅。這其中的根本原因就在於，這個人是否具有一個靈活、積極的心態，能否適時的轉彎。

心理學理論告訴我們：人認為自己處於某種狀態時，這個人就會在無形中順從於這種狀態，而這種狀態也就會越發的明顯起來。比如，有些小孩本來不太難過，但當他一哭起來卻越哭越傷心，就是這個道理。

的確是這樣，幸福與否完全取決於你的心態，你想幸福你隨時都可以幸福，沒有誰能夠阻攔得了你。一代英豪拿破崙，在得到了世界上絕大多數人渴望擁有的榮譽、權力、金錢、美色之後，卻說：「我這一生從來沒有過上一天幸福的日子。」而海倫・凱勒又聾、又瞎、又啞，但她卻說：「生活是這麼美好。」這就是積極心態的作用。

很多時候我們無法改變事情既定的結局，但是我們卻可以改變自己的心態，也就是換個角度來看待問題，這樣我們就可以與自己所處的環境協調起來，也能更加輕鬆的應對危機與磨難了。

曾經看到這樣一個故事：有兩個觀光團到日本伊豆半島旅行，這裡路況很差，到處都是密密麻麻的坑洞。其中一位導遊一路連聲嘆道：「這路面簡直太糟糕了，請多多包涵。」而另一位導遊卻詩意盎然的對團員說：「諸位女士先生請注意，我們現在走的這條道路，正是聞名遐邇的伊豆迷人的酒窩大道！」雖然是面對同樣的情況，然而不同的思維卻產生了不同的效果。

還有一次，一位老人對另一位老人抱怨說：「現在的年輕人素質太差了，公車上都沒人肯讓座。」另一位老人聽著他的抱怨卻笑了起來，他對那位抱怨的老人說：「換了我也不讓啊，你看上去是那麼的年輕！」聽完這話之後，那位老人家一下子便開心起來了。

思想是個奇妙的東西，如何去想完全取決於你自己。有人問一位朋友：「你的心態為何那麼好，看你很少在埋怨、生氣。」這位朋友回答說：「的確，我也感覺到自己生氣越來越少了。因為在此之前曾經有位老人家對我說過這樣一番話，讓我受益匪淺，至今記憶猶新。他說：每次當火氣在胸中湧動時，我便把雙手放進口袋裏(防止自己動手)，再深吸一口氣。還不行，就先緩一緩，出去走一走。等內心平靜下來，再來處理這件事。」

的確，當火氣戰勝了理智，這時說出的話、做出的事往往很衝動，很容易傷人心。暫且緩一緩，在思想上換個角度，在行動上「轉個彎」，等怒火平息，理智恢復時再來處理，往往會更有利於事情的解決。

我們的喜樂不是靠外力的刺激來產生的，主要是由內心來引發的。外在的一切都是相對的，轉瞬即逝的，不應該讓它們干擾了自己內心的安寧。培養快樂心境，常常保持良好的心態，認知角度或者觀點稍微轉變，情勢便大為不同。當我們面對種種不如意時，應認清真實的自我，在理念上、行動上換個角度，轉個彎讓自己緩一緩之後，再來看問題。這樣一來，或許你會發現事情變得不再那麼令人氣憤，從而能更好的解決問題。

懂得轉彎你就能隱藏自己，就能更好的與環境融為一體，與自然同息、同止、同變化，真正做到大象無形！

試想：冬天到了，春天還會遠嗎？

第八章

駕馭情緒，享受不抱怨的生活

如果你能駕馭好自己的情緒，就會擁有愉快的心情，遠離抱怨、煩惱與憤怒，享受積極、樂觀的生活。

1 壞情緒是家庭的殺手

美國心理學專家戈爾曼教授認為：情商是震撼人心的人類智能評判的新標準，它主宰人生的八〇%，而智商至多決定人生的二〇%，情商才是真正與一個人的未來及幸福有密切關係。但是有很多人卻不會控制自己的情緒，以至於影響了自己的人生。特別是在一個家庭裏的夫妻之間，只要有一方不會調控自己的情緒，那麼他的壞情緒就會影響這個家庭，甚至使夫妻間的感情破裂。法國拿破崙三世和尤琴的婚姻便是一個很好的例證。

當法國拿破崙三世，也就是拿破崙的侄子，愛上了全世界最美麗的女人特巴女伯爵瑪利亞・尤琴，並且準備和她結婚時，他的顧問不同意，因為尤琴的父親只是西班牙一位地位並不顯赫的伯爵，但拿破崙三世反駁說：「那又怎樣？她高雅嫵媚、年輕貌美，她能讓我的內心充滿了幸福快樂。」在一篇皇家文告中，他激動地表示他要不顧全國的意見：我已經選上了一位我所敬愛的女人。並且說：我從來沒有遇見過像她這樣的女人！

拿破崙三世和他的新婚擁有財富、健康、權力、名聲等，一切都符合一個十全十美的羅曼史，從來就沒有婚姻之聖火會燃燒的那麼熱烈。

然而，這聖火很快就變得搖曳不定，熱度也冷卻了，只剩下了餘燼。拿破崙三世可以使尤琴成為一位皇后，但不論是他愛的力量也好，他帝王的權力也好，都無法使這位皇后中止挑剔和嘮叨。

她不斷的抱怨、嫉妒、疑心，最後竟然藐視拿破崙三世的命令，甚至不給他一點私人的時間。當他處理國家大事的時候，她竟然衝入他的辦公室裏；當他在討論最重要的事情時，她卻干擾不休。她甚至認為，讓他單獨一個人，他會跟其他的女人親熱。尤琴還常常跑到她姊姊那裡，數落她丈夫的不是，又說又哭、又嘮叨、又威脅。有時還不顧一切的衝進他的書房，不停的大聲辱罵他。拿破崙三世雖然身為法國皇帝，擁有十幾處華麗的皇宮，卻找不到一處不受干擾的地方。

尤琴這麼做，能夠得到些什麼？答案如下：於是拿破崙三世常常在夜間從一處小側門溜出去，頭上的帽子蓋著眼睛，在他的一位親信陪同之下，真的去找一位等待著他的美麗女人；再不然就出去看看巴黎這個古城，蹓躂著神仙故事中的皇帝所不常看到的街道，呼吸著本來應該擁有自由的空氣。

這就是尤琴抱怨所得到的後果。不錯，她是坐在法國皇后的寶座上；不錯，她是世界上最美麗的女人。但在嘮叨、抱怨的毒害之下，她的尊貴和美麗並不能保持住愛情。儘管她歇斯底里地哭叫著說：「我所最怕的事情，終於降臨在我身上。」但這厄運之所以降臨在她的身上，其實是她自找的，她的結局之所以可憐，一切都是因為她的抱怨和嫉妒所引起的。

有位哲人說過這樣一段話：「在地獄中，魔鬼為了破壞愛情而發明的一定會成功且惡毒的辦法中，抱怨是最厲害的了。它永遠不會失敗，就像眼鏡蛇咬人一樣，總是具有破壞性，總是置人於死。」

婚姻專家們認為：現代家庭解體的原因之一，就是因為一方嘮叨、抱怨個不停，而抱怨等於是自己給自己的婚姻挖掘墳墓。因此，你要想維護家庭生活的幸福快樂，就一定要丟掉抱怨清單，請記住：絕對絕對不可以抱怨。

有這麼一家人，邊吃飯邊聊天。丈夫突然對興致很高的妻子說：「妳怎麼這麼沒記性，青菜裏的鹽又放多了！」

「你也太挑剔了，不就是多放了點鹽嗎？」妻子把筷子一放，冷冷地說：「下次的飯菜你做好了！」

「說妳一句就不高興，妳嚐嚐，飯也被妳煮糊了，真沒有用！蠢貨！」丈夫全然不顧妻子的感受，繼續口出惡言。

「你這個沒有出息的傢伙，有本事自己賺大錢，天天上餐館去吃呀！」妻子也不甘示弱。一場家庭紛爭就這樣爆發了。

由此不難看出，無論是偉人的婚姻還是我們平常人的婚姻，其幸福的前提是相同的，即夫妻之間都要學會控制情緒，切忌猜疑、辱罵，而要心平氣和，能容人之過。

2 把怨氣變為爭氣

在生活中，人總是會有順境也有逆境，人的一生有巔峰也會有低谷。每個人都希望自己被人重視、受人尊重、得到大家的歡迎，但有時又難免會被人嘲弄、受人侮辱、遭到別人的排擠。生活在給了我們快樂的同時，也給了我們數不清的失落和傷心，真正的人生需要磨練，面對這些不如意，如果只是一味的抱怨、生氣，那麼就注定了你永遠是個弱者，而真正的強者是學會堅強，積極向上，以平和的心態讓自己做的更好，這樣才能使自己的人生過得更快樂更充實，正如人們常說的把怨氣變為爭氣，給自己足夠的底氣。心中嚥下了怨氣，才能爭氣。

難聽的話像一把銳利的劍，可以直接刺穿你的心臟，不過你也可以在它刺向你的時候伸手握住它，使它成為你的利器。有的人能夠很坦然的面對這一切，表面上不動聲色，暗地裏鼓足了勁，發誓有一天要讓別人大吃一驚；有的人卻整天為了一點小事火上心頭，甚至悲觀喪氣，怨天尤人，結果只能讓別人更加看不起自己。所以不要讓自己的人生充滿了遺憾，換個角度想想，如果我們自己夠優秀，會得到別人的嘲諷嗎？為什麼不能坦然的面對這一切呢？俗話說：不爭饅頭爭口氣。讓自己快樂起來的最好方法就是為自己打氣，讓自己做的更好。當我們走過一個個困境時，我們就會發現自己變的更強大了，懂得的也更多了。

愚蠢的人只會生氣，聰明的人懂得去爭氣，積極向上，充足自己的底氣，才是最好的方法。

每個人都希望自己能順利、平安的度過一生，每個人都希望自己是人群中最受尊重、最受歡迎的。但總有人難免會遭人侮辱、受人排擠，生活能給我們帶來快樂，也可能給我們帶來傷痛，這就是我們需要面對的。有的人可以坦然面對一切，有的人卻整天為了一點小事斤斤計較或是悲觀喪氣。往往很多時候是我們自己過於追求那些虛無名利，很多時候是我們把責任推到別人身上。

只有愚蠢的人才會一味的沉迷於生氣，聰明的人會想盡一切辦法爭氣。一個人最重要的是要學會讓自己強大起來，而不是想著怎樣去計較一些雞毛蒜皮的事，這樣最終傷害的是你自己。

對一般人而言，由生氣轉為去爭氣想到很容易，但做到卻很難。這中間往往有一條很多人逾越不了的鴻溝，是他們缺少一種堅強的志氣與毅力。

人生多變幻，這是不幸也算是幸運，因為它給了我們努力的希望和勇氣。當然被人欺負、不受尊重、事與願違，這是無論發生在誰身上都會生氣的事，可是話又說回來，光發怨氣有用嗎？可以解決實際問題嗎？當然不能。所以，我們不能只怨天尤人，我們要做的就是不要讓自己小肚雞腸，不要讓自己斤斤計較那些虛無縹緲的名利，不要為眼前暫時的不幸而悲觀，不要在乎別人的說法，我們只要在人格上、智慧上和力量上使自己更加強大，許多問題就會迎刃而解了，把怨氣變為爭氣就是這個道理。

只要還有慾望就有活下去的理由，面對人生的煩惱與挫折，人最重要的是擺正自己的心態，積極地面對一切。一味的抱怨與生氣，最終受傷的只有你自己。越是逆境之中，越要保持良好的心態，生氣並沒有用，只有為自己賭一口氣，自己爭氣，這才是唯一的出路。因為機會只屬於那些立定志氣，並為之辛勤耕耘的人，換句話說，機會只鍾情於那些有備而來的人。

現實生活中，每個人都在忙碌，忙工作、忙學習，有些人做起事來如魚得水，游刃有餘，而有些人卻四處碰壁，亂發脾氣，不僅搞的自己心情不佳，也讓周圍的人跟著遭殃。更何況發脾氣只會證明自己的能力不足，這又是何苦呢？靜下心來想一想，為什麼只有我這麼的不如意呢？想一想那些有成就的人吧！他們是不是遇到了問題也像你一樣氣急敗壞，怨氣沖天呢？指責這世道的不公呢？既然他們有了成就，自然有一套成功解決問題的好辦法。他們遇到了困難總是能夠沉著冷靜，想辦法去解決，從不埋怨，更不會把責任推到別人的身上。你無法改變別人，但是完全可以改變自己，假如你把你發怨氣的時間用來發展自己，強大自己，暗地爭口氣，等到有成績的時候，他們就會對你刮目相看了。

3 該低頭時且低頭

孟買佛學院是印度最著名的佛學院之一，這所佛學院之所以著名，除了它建院歷史的久遠，它輝煌的建築和它培養出了許多著名的學者以外，還有一個特點是其他佛學院所沒有的。這是一個極其微小的細節，但是，所有進入過這裡的人，當他再出來的時候，幾乎無一例外的承認，正是這個細節使他們頓悟，正是這個細節讓他們受益無窮。

這是一個很簡單的細節，只是很多人都沒在意。孟買佛學院在它的正門一側，又開了一個小門，這個小門只有一百五十公分高、四十公分寬，一個成年人要想過去必須學會彎腰側身，不然就只能碰壁了。

這正是孟買佛學院給它的學生上的第一堂課。所有新來的人，教師都會引導他到這個小門旁，讓他進出一次，很顯然，所有的人都是彎腰側身進出的，儘管有失禮儀和風度，但是卻達到了目的。教師說，大門當然出入方便，而且能夠讓一個人很體面很有風度的出入。但是，有許多時候，我們要出入的地方並不都是有著壯觀的大門，或者有大門也不是隨便可以出入的，這個時候，只有學會了彎腰和側身的人，只有暫時放下尊貴和體面的人，才能夠出入。否則，有很多時候，你就只能被擋在院牆之外了。

佛學院的教師告訴他們的學生，佛家的哲學就在這個小門裏，人生的哲學也在這個小門裏。人生之路，尤其是通向成功的路上，幾乎是沒有寬闊的大門的，所有的門都是需要彎腰側身才可以進去，社會之門亦然。

相同的道理，在社會叢林中行走，你必須要懂得：人在屋檐下，一定要低頭。所謂的屋檐，說明白些，就是別人的勢力範圍，換句話說，只要你受這勢力的控制，那麼你就在別人的屋檐下了。別人能容納你已是不錯了，你就得遵守人家的規矩，就會受到很多有意無意的排斥和限制，以及不知從何而來的壓力，這種情形任何人都會碰到，特別是想做成一番事業的人更會碰到。所以，在人屋檐下的心態就有必要調整了。

只要你已經站在了別人的屋檐下，就一定要厚起臉皮低頭，不用旁人來提醒，也不用撞到屋檐了感覺到痛才低頭。這是一種對客觀環境的理性認知，沒有絲毫勉強。

古人云：「士可殺不可辱。」這是很了不起的英雄氣概。不過，如果英雄氣概用到不對地方，那就一文不值了。名聲和自尊確實很重要，但在特殊的情況下，你不得不拋棄它們，該低頭時要低頭。因為，一個人要想在世上有所作為，「低頭」是少不了的，低頭是為了把頭抬得更高、更有力。

大凡英雄豪傑，胸懷大志，打算幹一番轟轟烈烈事業的人，都是能屈能伸的。這就好比一個人，要想攀爬高強，必須要尋找一個梯子做為登高的台階，假如一時尋找不到梯子，那麼即使旁邊有一個矮樹墩，也未嘗不可利用做為晉升的階梯。假如要嫌它矮，那麼你就爬不到高牆上去。

人們在制定理想目標時，往往在實踐過程中都會遇到一些困難和挫折，使得你氣憤、膽怯、自卑、情緒衝動、灰心喪氣、意志動搖等，立志越高，所遇到的困難就越大。「猝然臨之而不驚，無故加之而不怒」，這就是大丈夫能屈能伸、樂觀堅毅精神的表現。

苦難是一種考驗，它選擇意志堅強者，淘汰意志薄弱者。要達到奇偉瑰麗的人生境界，要成就任重道遠的偉業，必須具有遠大的志向和極端堅韌的品質。

一場大雪過後，樹林裏出現了有趣的現象，只見榆樹的很多枝條都被厚厚的積雪壓的折斷了。而松樹雖然被壓彎了腰卻也表現出生機盎然的景象，沒有受到絲毫的傷害。

原來榆樹的樹枝不能彎曲，結果冰雪在上面越積越厚，直到將其壓斷，實在是備受摧殘。而松樹卻與之相反，在冰雪的負荷超過自己的承受能力時，它便會把樹枝垂下，積雪就掉落下來。松樹樹枝因能向下彎曲，使雪容易滑落，所以枝幹依舊挺拔，巍然屹立。能屈能伸，剛柔並濟，正是這種氣度和風範使松樹經受了一場場暴風雪的洗禮。

人世間的冷暖是變化無常的，人生的道路也是變化無常的，當你在遇到困難走不通時，或許退一步就會海闊天空；當你在事業一帆風順的時候，一定要有謙讓三分的胸襟和美德，應該把功勞讓給別人一些，不要居功自傲，更不要得意忘形。該低頭時要低頭，這樣才不失為一個成功者的風範。

富蘭克林年輕的時候到一位長者家裏拜訪，去聆聽長者的教誨。沒料到，身材高大的他一進門就撞到了門框，頭上立刻就腫起了一個大包。富蘭克林疼痛難忍，不停的用手指揉著自己頭上的大包，兩眼瞪著那個低於正常標準的門框。出門迎接的長者看到他那副狼狽不堪的樣子，忍不住笑起來說：「年輕人，很痛吧？」這位長者語重心長的說：「這可是你今天來這裡的最大的收穫。」

一個人要想在世上有所作為，低頭是少不了的。低頭是為了更高更有力地抬頭。

現實世界紛繁複雜，並不是想像的那麼一帆風順，面對人生旅途中一個個低矮的「門框」，暫時的低頭並非卑屈，而是為了長久的抬頭；一時的退讓絕非喪失原則和失去自尊，而是為了更好的前進。只有採取這種積極而且明智的方法，才能審時度勢，透過迂迴和緩而達到目的，實現超越。對這些厚重的「門框」視而不見，傲氣不減，硬碰硬撞，結果只能是頭破血流，成為擺在風車面前的「唐吉柯德」。

富蘭克林終身難忘長者的忠告，將「學會低頭，擁有謙遜」作為自己生活的準則和座右銘，並且身體力行，後來終成大器。

4 冷靜的面對屈辱

守端禪師的師父是茶陵鬱山主，有一天騎驢子過橋，驢子的腳陷入橋的裂縫，師父摔下驢背，忽然感悟，吟了一首詩：「我有神珠一顆，久被巨勞羈鎖。今朝塵盡光生，照見山河萬朵。」守端禪師很喜歡這首詩，牢牢的背了下來。有一天，他去拜訪方會禪師。方會禪師問他：「你的師父過橋時跌下驢背突然開悟，我聽說他做了一首很奇妙的詩，不知道你還記得嗎？」

守端禪師不假思索，完整的背誦出來。等他背完了，方會禪師哈哈大笑，笑完之後就起身走了。守端禪師愣然，想不出是什麼原因。第二天一大早，他就趕去見方會禪師，問他為什麼大笑。方會禪師問：「你見到昨天那個為了驅邪演出的小丑了嗎？」「我見到了。」方會禪師說：「你連他的一點點都比不上呀。」守端禪師聽了嚇了一跳說：「什麼意思？」方會禪師說：「他們喜歡人家笑，你卻怕人家笑。」守端禪師聽了，當場就開竅了。

如果你不能接受一次嘲笑，將會受到別人更多的挑剔和攻擊。人生中如果你不能忍一時之痛，那麼你的痛苦將是長久的。其實，人生的各種境遇，都是我們學習的功課。有人能處逆境，卻未必能處順境。一個人將用什麼樣的心態，面對自己所處的環境，這就要看他「忍辱」的工夫做的夠不夠。

聽說在監牢裏被關押十幾二十年的犯人，很多是帶著滿腔恨意出獄的。所以，出獄以後往往會變本加厲，犯下更大的罪案。在佛經裏，「忍辱」的意涵是很豐富的。挫折、打擊固然要忍，成功與歡樂也要忍。一般人受到冤屈挫折，心理上總是憤憤不平。然而，正因為憤恨難消，痛苦煎熬也如影隨形、揮之不去。如果把打擊你的人看成來感化你的菩薩，謝謝他給你鍛鍊自己、提升自己的機會，心裏沒有怨恨，自然不會感到痛苦。有幾位智障孩子的家長說，經過漫長的歲月，他們已經能在照顧孩子的艱苦和磨難當中，慢慢體會到自己的心都被打開來了。

在逆境中忍辱負重、蹣跚前行，這個道理大家都能接受；而在事事順利、飛黃騰達的時候也要忍辱，恐怕就不容易理解了。「春風得意馬蹄疾，一日看盡長安花。」許多人在失意的時候還能刻苦自勵，一旦春風得意，就放蕩起來了，得意忘形，言行舉止失了分寸，災難禍害很快就隨之而來。所以要居安思危，成功要忍，歡樂也要忍。屈辱可以成為泯滅一個人理想之火的冰水，也可以成為鞭策一個人發奮成功的動力。要知道受屈辱是壞事，但也能變成好事。心理學家認為：人有三大精神能量源─創造的驅動力、愛情的驅動力和壓迫、歧視的反作用驅動力。屈辱就是一種精神上的壓迫，它像一根鞭子，鞭策你鼓足勇氣，奮然前行。記得一位先哲說過，無論怎樣學習，都不如他在受到屈辱時學得迅速、深刻、持久。屈辱使人學會思考，體驗到順境中無法體會到的東西；它使人更深入的去接觸實際，去瞭解社會，促使人的思想得以昇華，並由此開闢出一條寬廣的成功之路。

善於從屈辱中學習，實在是成就自己的一個重要因素。可是，要把屈辱變成成功的動力，並不是件容易的事。不論何時，都要高懸理想的明燈，樹立起堅強的精神支柱，掄起行動的巨斧。只有如此，才能步入成功之旅。

5 沒有解不開的疙瘩

世界上沒有完全相同的兩片樹葉，也沒有完全相同的兩種意識，人和人不同的思想意識構成了紛繁美麗的世界。同時，也正是由於陣線不同，團體與團體之間，人和人之間，不可能永遠保持一致，難免會出現意見相左，而產生誤會與爭執。但關鍵在於，你用什麼樣的情緒和態度去解決這些問題。

爭執大多始於日常生活中雞毛蒜皮的事，一句笑話，一個臉色，一篇文章，一封書信，一道傳聞，一件用具等等，都可以成為產生誤會的原因。

有些爭執剛開始不深，若未及時消除，可能會隨著時間的延長而裂痕越容易增大，誤會越容易加深；有的因誤會加深而成為仇敵。

人生在世，精神的愉悅勝過一切，而和諧美好的人際關係無疑是構成心情愉快的重要因素；由於各種原因，有些人際關係是無法達到和諧的。但是誤會則使本來可以做到和諧或本來是和諧的關係，只因理解和認識的誤會而形成人際關係中的遺憾。所以說，它比直接的、不良的人際關係更多一層痛苦。它是對美好關係的破壞，這種破壞並非主觀的、有意識的、故意的，而只是因為互相的隔膜、意識的不可通性、感情的客觀障礙所致。

爭執既已形成，不論是你遭到了誤解或你可能正在誤解別人，只有互相疏通才能達到理解，使誤會消除。通常人際關係中，容易產生爭執的是這樣一些人：交談交往極少者，互不瞭解個性者，性格內向者，個性特別者，自視清高者，狂妄傲慢者，神經過敏者，常信口開河者，愛挑剔小節者等。與上述這些人交往，不論是初次的或多次的，你都要注意你的言行是否容易產生歧異，是否可能遭到誤解，或者你是否對他存有偏見和誤會。

任何人都有他獨立經營的那一片小小的天地，形成他之所思、他之所言、他之所行，形成他自己的特色。有的人的這片小天地呈開放張揚的狀態，可以隨時接納所有的人。有的人則呈封閉壓抑的狀態，這是不好交際、不善交際、不易交際的人。與他交往首先得啟開那扇封閉的門，等你走進去之後才可能發現真正的他。否則，你只能在門外與他交往，這時，各式各樣的誤會都可能產生。

我們都知道，林黛玉是個特別難打交道的人，隨便一句話中的一個用詞不妥，可能就得罪了她。她發了脾氣，你還不知道為了何事。生活中這樣的女性並非罕見。

如果你已經自覺意識到遭到了誤解，最簡便直接的辦法當然是直接與誤解你的人解釋交流，推心置腹，坦誠相見，不要擱在胸中，更不要猶豫猜忌。你可以藉一次宴會、一場舞會、一次公關活動、一次約會，或一個電話互訴想法，以你心換他心，以他心換你心。疙瘩解開，冰消雪融，重歸於好。

可能你和對方沒有這種直接交流的機會，或者你覺得直接解釋交流的方式有些難為情，那麼你可以用書信的方式，詳盡的闡明自己，也許可以化干戈為玉帛。

如果對方對你誤解太深，已經對你形成偏見，乃至於把你視同仇敵，消除誤解當然要困難許多。一是要有恰當的方式，二是要有一定的時間。你首先可以透過間接的方式，動用和對方親近的人，讓他在你們中間當橋梁、做媒介，把對方的怨氣和意見，把你的誠意透過這位中間人在雙方之間予以傳達疏導。傳達疏導到一定時機，你們就可以發展到直接解釋交流了。

天下沒有解不開的疙瘩，沒有打不破的堅冰，沒有過不去的火焰山。

當你受到誤解的時候，不在你而在於對方，但你對對方之誤解能夠寬容大度不予計較，反而主動地想去消除對方之誤解；此為君子度量。

當你受到誤解的時候，如果你對對方之厭惡憎恨，壓根不想去消除它，更不願主動去做疏通工作，以為那樣做是降低了身分，丟了自己的面子，損傷了人格；此為小人之心。

聖人說：「受國之垢，是謂社稷主。」承擔全國的屈辱，才算是國家的君主。如果你在小小的人際關係圈內受不了絲毫委屈，頭低不下，話說不得半句，那你就只能讓自己受氣。

避免爭執的另一重要建議是迴避頂撞或辯論。當你將要陷入頂撞式的辯論漩渦裏的時候，最好的辦法就是繞開漩渦，避免爭論。你不可能指望僅僅以搖唇鼓舌的口頭之爭，來改變對方已有的思想和成見。把細枝末節的小事當做天大的原則問題來加以辯論，是因為我們堅持成見的緣故。只要你爭勝好鬥，喋喋不休，堅持爭論到最後，就可以體驗到辯論的勝利，可是，這種勝利不過是廉價的、空洞的、虛榮心的產物，它的結果是引起一個人的怨恨。

誰能夠克服喜好爭論的弱點，誰就能在社交中獲得成功。

在爭論中可能你有理，也可能以雄辯取勝，但要想輕易改變別人主見，你就大錯而特錯了。

日常工作中容易發生爭執，有時搞得不歡而散，甚至使雙方結下芥蒂。人是有記憶的，發生了衝突或爭吵之後，無論怎樣妥善的處理，總會在心理、感情上蒙上一層陰影，為日後的相處帶來障礙。最好的辦法，還是儘量避免它。

我們常用一句話來排解爭吵者之間的過激情緒：「有話好好說。」這是很有道理的。爭吵者往往犯三個錯誤：第一、沒有明確而清楚的說明自己的想法，話語含糊，不坦白；第二、措詞強烈、專斷，沒有商量餘地；第三、不願意以尊重態度聆聽對方的意見。有一個調查說明，在承認自己容易與人爭吵的人中，絕大多數人說自己個性太強，也就是不善於克制自己。

同事之間有了不同的看法，最好以商量的口氣提出自己的意見和建議，語言的得體是十分重要的。應該儘量避免用「你從來不怎麼樣……」、「你總是弄不好……」、「你根本不懂」之類的語言，這必然會引起對方的反感。即使是對錯誤的意見或事情提出看法，也切忌嘲笑。幽默的語言能使人在笑聲中思考，而嘲笑他人則包含著惡意，這是很傷人的。真誠、坦白的說明自己的想法和要求，讓人覺得你是希望合作而不是在挑人的毛病，同時要學會聽，耐心、留神聽對方的意見，從中發現合理的成分並及時給予讚揚。這不僅能使對方產生積極的心理反應，也給自己帶來思考的機會。如果雙方個性修養、思想水平以及文化修養都比較高的話，做到這些並非難事。

如果遇到一位不合作的人，你就要冷靜，不要讓自己也成為一個不能合作的人。寬容忍讓可能一時讓你覺得委屈，但這卻能表現你的修養，也能使對方在你的冷靜態度面前平靜下來。當時不能取得一致的意見，不妨把事情擱一擱，認真考慮之後，或許大家能共同找到解決問題的好辦法。

善於理解、體諒別人，在特殊情況下的心理、情緒是一種較高的修養。有的人生性敏感，有的人剛好遇到不順心的事沒處發洩怒氣，也許對方正在生病，這些都可能是造成態度、情緒反常或過激的原因。對此予以充分諒解，會得到相對的回報。

心胸開闊是非常重要的，誰能沒有言談上的失誤和過錯？對於別人無意間造成的過錯應充分諒解，不必計較無關大局的小事情。法國有一句格言說過：「兩個都不原諒對方細小過錯的人，不可能成為老朋友。」如果以老朋友的態度進行合作，許多衝突是可以避免的。

6 把壞脾氣變成好脾氣

古人曾說：「天下有不如意事，不當憤激與爭。」但生活中，還是有很多人喜歡發脾氣，有時即使是芝麻綠豆那樣大的小事也憤怒不已。其實，脾氣不是天生的，只要加以控制，我們就不會因為亂發脾氣而為自己招來麻煩，甚至是禍害。特別是在惡劣的環境中，我們更要注意修身養性，才會化不利於有利。當我們不發脾氣，或由壞脾氣變成好脾氣時，好脾氣就有可能為自己帶來好運。

那麼在生活中，我們怎樣才能避免自己產生憤怒，從而把壞脾氣變成好脾氣呢？下面是心理學家提供的幾個方法。

一、意識控制法

這種方法是以自己的道德修養與意志修養使消極的憤怒不發生，或減輕憤怒程度。人在憤怒時往往會失去理智，做出一些過激或過當的事，所以人的道德修養對於制怒是有很大作用的。具體說來，應該具有以下幾點意識：首先要明理，只有尊重他人才能獲得他人的尊重，凡事多想想他人，多想到後果；其次要寬容，只有寬以待人才能真正教育幫助他人，才能贏得友誼，在面對不公平情形時，也才能不生氣。再來要自制，要對自己負責，學會克制自己的情緒，不要感情衝動，意氣用事，成為情緒的俘虜。此外，還可以用語言或文字協助當媒介。例如，有的人在自己的床頭上方或辦公桌旁貼上寫著「息怒」字樣的字條，當遇到發怒的事情時，一看到「息怒」二字，便會慢慢冷靜下來。有的寫些格言、警句或貼張幽默畫，也能起到一定的制怒效果。

二、釋放法

我們在日常生活或工作中，難免會產生各種矛盾或分歧，如果不能很好的加以處理，就很容易使人憤怒。然而，如果我們能夠坦誠、冷靜的把心中的不滿或意見說出來，和他人互相討論，互相商量，就不會有怒火中燒的感覺了。或者把自己的憤怒之事講給自己的親人或信得過的朋友聽，以便得到感情上的安慰，再大的怒火也會被清涼的感情之水澆滅的。

三、轉移刺激法

這是一種積極接受另一種良性刺激而達到避免不良刺激的制怒方法。例如，當感覺要發火時，有意識的聽聽音樂，翻翻報紙，逗逗孩子，或者登高望遠，吟詩作賦，這樣往往怒氣就會煙消雲散，使你變得心平氣和，精神愉快。但是，如果受到的盡是不良刺激，比如，生氣時吸菸或喝酒，想藉以平息怒火，結果卻是火上澆油，導致憤怒的爆發。所以，在選擇轉移的刺激時，我們一定要多加注意，避免走入誤區。

四、躲避刺激法

這是指人們在面對容易引起憤怒的刺激時，如果察覺無力消除則儘量避開，「眼不見，心不煩」。比如，兩夫妻吵架，妻子如果暴跳如雷，怒火沖天，丈夫還是趕緊走出家門的好，到外面散散心，平息一下心中的不滿和怨恨，然後再回來和妻子仔細的解釋。這比夫妻雙方都大動肝火，橫眉怒目，互不相讓，以至於動手動腳的，結果要好得多。

7　別讓恐懼毀了自己

恐懼心理，指個人或群體在真實或想像的危險情境中，深刻感受到的一種強烈而壓抑的情感狀態。日常生活中，遇到一些可怕或危險的情境時，每個人都會產生一種十分緊張的情緒反應，這種反應就是恐懼。

驚恐的對象可能是人，也可能是事物，它可以是某一時刻遇到危險產生的情緒，也可能是這一危險情景在以後生活中長期的陰影，還可能由於對某一事物的害怕累積為恐懼。

譬如，你看見蛇會感到危險，危險喚起身體的化學作用，而採取適當的反應，比如嚇得跳開，因此遠離了危險，這就是恐懼。所以說，恐懼在某種程度上是有一定積極意義的。

一定程度的恐懼可以讓人們更加小心謹慎，做到有意識的避開有害、有危險的事物或情景，有利於更好的保護自己，避免遭受挫折、失敗和意外事故。

但還有一種是不正常的恐懼，這種恐懼總是和緊張、焦慮、苦惱相伴隨，能讓人的精神處於高度的緊張狀態，對身體健康有很大的損害，長期的極端恐懼還會引起各種疾病，甚至能使人身心衰竭，失去寶貴的生命。不正常的恐懼心理，對一個人的學習、工作和生活都會產生不利的影響，例如有的人懼怕社交，只要與陌生人接觸或在眾人面前，就會出現臉紅、出汗、發抖、口吃等異常表現，結果只好整天把自己關在房裏，更加加重了孤獨感；還有的人有恐懼考試的心理，臨場考試總是過於緊張，一到考場大腦就一片空白，以致於未考出正常水準，甚至名落孫山；還有的人對事業、對人生畏首畏尾，不敢追求，不敢拚搏，終日得過且過，虛擲青春。

生活中，每個人都會碰到許多令自己感到恐懼的事情，人們也通常認為恐懼是在某種境況下人的本能反應。事實上並非如此，心理學專家在對遭遇恐懼的人群調查後發現，讓人們感到恐懼的並非事情本身，而是自己或他人給予的心理暗示，很大一部分人的恐懼都是自我心理暗示造成的。

心理暗示所具有的潛力是巨大的，我們可以看看心理暗示造成恐懼的真實資料。

這個故事發生在前蘇聯時期。有一間冷凍廠，某天一名工人無意之中自己碰了開關，被關進了冷藏車裏。第二天早上，人們打開冷藏車時，發現這個人已經被凍死在裏面了。

他的屍體出現了凍死的各種症狀。可是令大家不解的是，冷藏車的冷凍機並沒有打開製冷，車中的溫度和外面的溫度差不多，照理是絕對不可能凍死人的。情況大概是這樣：此人被關進冷藏車之後，就不斷的擔心自己要被凍死，這種意念對他的身心產生了很大的影響，最後他就真的被凍死了。

專家認為，這是因為他認為自己快要凍死了，潛意識使他的身體出現了所有低溫可能造成的跡象，他就這樣被自己的潛意識「凍」死了。

那麼，心理暗示為什麼有如此巨大的威力？

研究表明，極度恐懼與極度憤怒所引起的生理反應是很一致的，兩者都會使腎上腺素增加，並且減少身體某些部位的血液供應。這樣可以確保肌肉獲得充分的血液，以加強肌肉的效能，可以在生死關頭奮力拚搏逃生。這種反應有利也有弊，因為血液供應減少時，紅血球輸送的氧氣也會相對的減少，毛細血管如果缺氧，血漿就會較容易的滲入血管周圍的組織。如果恐懼或憤怒的狀態延續時間太長，全身的血液流通量就會減少。

血液流通量減少，血壓就會降低，就會引起惡性循環。血壓降低會影響那些負責維持血流循環的器官的功能，血液流通量就會再減，血壓就會進一步降低。如果放任這種情況繼續下去，這種惡性循環就可以導致生命危險。

恐懼對人的影響如此之大，務必提高警惕，不要被恐懼敗壞了自己的情緒，甚至影響健康。不要盛怒、過悲或過於恐懼等，無論遇到什麼事情，都應該保持一種比較平和的心態，穩定自己的情緒。

其實，很多東西並沒有想像的那麼可怕，只是人們的無知才產生了恐懼。當然，也有人說無知者無畏，有知者有畏，這是生活的辯證法。

8 哭出來，給情緒找一個出口

笑固然有千般好，但是想哭的時候也不能強忍。適當的哭能有效的釋放壓力，哭也是釋放情緒的有效方法。

人不只是在悲傷的時候哭，在高興、激動或感動時也會哭。研究人員發現，在引起人類哭的原因中，悲傷佔到了二分之一；惱怒佔十分之一；同情佔十五分之一；擔心佔二十分之一；恐懼佔三十分之一，而快樂與激動則僅次於悲傷所佔的比例，為五分之一。

人類之所以會哭，也許正如劉鶚在《老殘游記序》中所寫到的那樣：「靈性生感情，感情生哭泣。」

但是在現實生活中，人們往往欣賞歡樂性的淚水，而鄙視悲傷性的淚水。比如，看到國旗升起都會流淚就是愛國的表現，而當遇到困難、挫折時流淚，則是脆弱的表現。所謂「男兒有淚不輕彈」，就是不要在悲傷時輕易流淚。

尤其在這個尊崇強者的時代，眼淚成為懦弱的象徵，不僅「男兒有淚不輕彈」，女人也開始學會不輕易流淚了。其實，並非所有的眼淚都代表懦弱；哭也並非懦弱的表現，不哭的人也不一定就堅強。

在你內心倍感悲傷、委屈或精神遭受重大創傷時，往往有想哭的感覺，這個時候如果強忍不哭，把眼淚往肚子裏吞，那麼這種悲傷情緒或壓抑感會使你出現精神不振、情緒低落，嚴重的會影響食慾和睡眠，甚至會造成憂鬱症等精神疾病。有些精神分析專家認為，如神經性氣喘這樣的疾病，就與強忍不哭有密切相關，喘病發作時，常有喘息的啜泣，很像欲哭無淚；還有偏頭痛以及人們常有的胸口悶、咽喉腫痛、腦袋腫脹等不適感覺，都與過度抑制有關。

所以，不要強忍淚水，當哭則哭，像有的心理學家指出的：強忍眼淚等於自殺。這絕不是危言聳聽。

醫學研究發現，人在情感激動時流出的眼淚會產生高濃度的蛋白質，它可以減輕乃至消除人的壓抑情緒。美國尼蘇達大學教授威廉・菲烈博士宣稱：哭可以將情緒上的壓力減輕四〇％，他曾經對幾百名男女進行研究，發現他們在痛快地哭過之後，自我感覺都比哭之前好了許多，健康狀況也有所改進。而那些不愛哭泣，沒有利用眼淚消除情緒壓力的結果是，影響身體健康、促使某些疾病惡化，比如結腸炎、胃潰瘍等疾病就與情緒壓抑有關。

俄羅斯家庭心理醫生納杰日達・舒爾曼說：眼淚經證實是緩解精神負擔的良方，最明顯的例子是神經性胃炎的消化道疾病。當情緒緊張時，胃開始一陣陣痙攣性疼痛。這實質上是胃在消化你的緊張情緒，是一種心病。假如這時你能大喊大哭一場，把委屈揮灑掉，這個病就會不藥而癒。

此外，人在哭的時候，會不斷的吸一口口短氣和長氣，這大大有助於呼吸系統和血液循環系統的工作。淚液的分泌還會促進細胞正常的新陳代謝，防止腫瘤的形成。所以，勸君「有淚盡情流，疾病自然癒」。

真正的強者從不掩飾懦弱的自我，「發乎於情，止乎於心」的哭，是人的本性。不要以為不哭就是真的堅強，能及時把痛苦和委曲哭出來，對你的身心健康大有益處。

想當初，混沌初開，洪水泛濫，鯀從天帝那裡偷來「息壤」，想要堵住洪水，最後不但沒有把水堵住，水勢反而更加凶猛，讓百姓受災更重，最終自己還落個斬首示眾的下場。後來，他的兒子禹放棄父親的方法，帶著大夥開山掘土，利導水勢，這才治好了洪水，還坐上了王位，成了萬民景仰的楷模。可見「水非導不利」。

和水一樣，人的不良情緒如果得不到適當疏導，長期累積，一旦爆發起來，就會衝破理智的「堤壩」，那時就不可收拾了。

所以，當你感覺壓抑、悲傷、憤懣的時候，不要過於克制自己，找個沒人的地方，大聲地哭出來吧，把心中的不良情緒都宣洩出來，這樣才能以一種全新的心態投入到接下來的工作中去。

但是，哭歸哭要適可而止，當壓抑、悲傷、苦惱的情緒得到緩解之後就不要再哭了，否則對身體反而有害。心理學家主張，哭不宜超過十分鐘，要學會控制自己，做情感的主人。

國家圖書館出版品預行編目資料

不抱怨的智慧 / 米克斯著. -- 臺北市 : 種籽文化, 2020.08
面 ; 公分
ISBN 978-986-99265-0-8(平裝)

1.人生哲學 2.修身

191.9 109010513

CONCEPT 128

不抱怨的智慧

作者 / 米克斯
發行人 / 鍾文宏
編輯 / 編輯組
行政 / 陳金枝

企劃出版/喬木書房
出版者 / 種籽文化事業有限公司
出版登記 / 行政院新聞局局版北市業字第1449號
發行部 / 台北市信義區虎林街46巷35號 1 樓
電話 / 02-27685812-3 傳真 / 02-27685811
e-mail / seed3@ms47.hinet.net

印刷 / 久裕印刷事業股份有限公司
製版 / 全印排版科技股份有限公司
總經銷 / 知遠文化事業有限公司
住址 / 新北市深坑區北深路 3 段 155 巷 25 號 5 樓
電話 / 02-26648800 傳真 / 02-26640490
網址：http://www.booknews.com.tw(博訊書網)

出版日期 / 2020 年 08 月 初版一刷
郵政劃撥 / 19221780 戶名：種籽文化事業有限公司
◎劃撥金額 900(含)元以上者，郵資免費。
◎劃撥金額 900 元以下者，若訂購一本請外加郵資 60 元；
劃撥二本以上，請外加 80 元

定價：280元

喬木書房

喬木書房